大学英语教学新模式

李佳　马阳◎著

吉林人民出版社

图书在版编目（CIP）数据

大学英语教学新模式 / 李佳, 马阳著. -- 长春：
吉林人民出版社, 2024. 10. -- ISBN 978-7-206-21504
-9

Ⅰ. H319.3

中国国家版本馆 CIP 数据核字 2024S1S646 号

责任编辑：王　斌
封面设计：王　洋

大学英语教学新模式

DAXUE YINGYU JIAOXUE XIN MOSHI

著　　者：李 佳　马 阳
出版发行：吉林人民出版社（长春市人民大街 7548 号　邮政编码：130022）
咨询电话：0431-82955711
印　　刷：三河市金泰源印务有限公司
开　　本：787mm×1092mm　　1/16
印　　张：10　　　　　　　　字　数：130 千字
标准书号：ISBN 978-7-206-21504-9
版　　次：2024 年 10 月第 1 版　　印　次：2024 年 10 月第 1 次印刷
定　　价：68.00 元

如发现印装质量问题，影响阅读，请与出版社联系调换。

前　言

在当今全球范围内，英语作为一种普及度极高的语言，其重要性正与日俱增。随着国际上在政治、经济、文化等多个领域的交往日益紧密，跨领域、跨国界、跨地域的交流活动对人才的能力素质提出了更为严峻的挑战，特别是在跨文化沟通能力方面。在此背景下，中国的大学英语教育被赋予了培养具备跨文化交流能力人才的关键任务。同时，中国社会的快速发展与变迁，催生了新的需求，这也对普通大学生的英语水平提出了更高的标准。因此，提升中国大学英语教学的质量和效率，成为当前时代背景下，每一位大学英语教育工作者所肩负的重要使命和责任。

鉴于大学英语教育肩负着培育具备坚实语言基础、精通跨文化交流、拥有广阔国际视野及深厚专业知识的国际化人才的重任，构建一套科学且全面的教学模式与课程体系，便成为实现此目标不可或缺的基石。教学模式，作为教学思想或理论指导下的教学活动架构蓝图，它定义了各类教学活动的基本框架与操作流程。每种教学模式均旨在实现特定的教学目标，通过逻辑严密的步骤设计与操作程序，明确教学活动中的各个环节与任务。而要实现这些教学目标，则依赖于一系列必要条件，包括教师素质、学生能力、教学内容的选择、教学手段的运用、教学环境的营造，以及教学时间的合理分配等。

因个人水平所限且时间紧迫，本文难免存在疏忽与不足，诚挚邀请广大大学英语教育同人及专家不吝赐教，提出宝贵改进建议。

目 录

第一章　大学英语的教学模式 ·· 1
　　第一节　生态化教学模式 ·· 1
　　第二节　支架式教学模式 ·· 7
　　第三节　翻转课堂教学模式 ·· 15
　　第四节　多维互动教学模式 ·· 27

第二章　大学英语教学模式创新 ······································ 38
　　第一节　任务型教学模式创新 ······································ 38
　　第二节　模块化教学模式创新 ······································ 49
　　第三节　多模态英语教学模式创新 ·································· 61

第三章　大学英语教学模式理论创新探讨 ······························ 80
　　第一节　大学英语教学基础理论与教学思路 ·························· 80
　　第二节　大学英语教学策略与运用分析 ······························ 87
　　第三节　大学英语教学中多元化评价体系的构建 ······················ 92

第四章　大学英语教学模式创新的可行策略 ···························· 98
　　第一节　大学英语教学模式及其演变 ································ 98
　　第二节　大学英语教学模式的创新策略 ······························ 112
　　第三节　英语"分级制"教学模式现状及优化策略 ···················· 117

第五章　大学英语教学模式的改革创新 ································ 125
　　第一节　大学英语教学模式改革的理念 ······························ 125

第二节　MOOC 环境下大学英语教学模式的创新 ················ 133

第三节　大学英语教学模式对跨文化交际能力培养的探索 ··········· 139

参考文献 ·· 151

第一章 大学英语的教学模式

第一节 生态化教学模式

我们将生态学的思想引入教育领域,并构建一种生态化的教学模式,这是一种富有创新精神的教学方法,其目标是营造一个有助于学生学习和个人成长的环境。这种方法鼓励学生的主动参与和团队协作,进而提升教学质量和效果。简而言之,借鉴生态学原理来设计教育体系,能够创建更有利于学生成长的学习环境,并且有助于培养学生的合作精神、适应能力和可持续发展的观念。这种生态化的教育模式为教育改革提供了有价值的启示和实践路径。

一、生态化教学模式的内涵及重要组成元素

(一)生态化教学模式的内涵

生态化教学模式代表了一种灵活且开放的教育理念,旨在通过应用生态学的基本原则,创建更能满足学生需求和教育发展趋势的教学环境。这种模式激励教育工作者持续创新,鼓励他们根据实际情况和需求,自行探索适合自身及学生特点的教学方法。这一理念在教育界的实践与发展中持续演变和完善,以应对教育领域不断出

现的新需求和挑战。

（二）生态化教学模式的组成元素

1. 交互性元素

生态化教学模式重视学生彼此之间、师生之间及教师之间的互动与交流。这种互动不仅限于信息的单向传递，更包含了合作、协同学习与共创等活动。通过这些积极的交流形式，学生能够更有效地理解并吸收知识，教师也能更准确地把握学生的需求，从而使课堂气氛变得更加活跃。

2. 共生性元素

共生性元素突显了在教育生态系统内，不同个体，如教师与学生之间相互关联和互动的重要性。在教育过程中，学生和教师应当在一个共享的学习空间中共存，建立起协同合作的关系网。这种共生关系有助于构建一个更加有利于学习和个人成长的环境。

3. 竞争性元素

竞争性元素不仅仅关乎学生之间的相互竞争，更重要的是学生内在的自我挑战与持续进步。在生态化教学模式下，学生受到鼓励，不断超越自我，提升个人的学习能力和成绩，从而促进自身的成长与发展。这种内在的竞争性能够激发学生的积极性和自主学习的动力。

4. 仿生性元素

仿生性元素关注的是学生之间相互学习与效仿的过程。学习不仅限于被动地接收知识，还涉及主动观察、模仿和借鉴他人的学习方法与策略。在生态化教学模式中，学生被鼓励分享个人的学习体会，相互启发，共同进步。

这些构成要素共同塑造了一个生态化的教育环境，在这样的环境中，教育过程更加注重互动、合作、积极和富有成效。采用生态化教学模式的目的在于全面提升学生的综合能力，增强学习效果，满足他们成长的需要。同时，这也推动了教育领域的创新与发展，把教育过程看作一个有机整体，强调个体与集体、学生与教师之间的协同效应。

二、生态化教学模式在大学英语教学中的应用策略

（一）科学整合与优化生态化教学资源

整合与优化教学资源对于在大学英语教学中实施生态化教学模式至关重要。以下是一些具体的策略和建议，有助于实现这一目标。

1. 学习资源的多样性

保证提供多种类型的学习资源，如文本资料、音频、视频、互动课程及在线学习平台等，这有助于迎合不同学生的学习风格和需求。

2. 课程内容的实际性

将课程内容与现实生活和职业需求相融合。教师可以通过引入实际案例、行业信息和真实场景，帮助学生将理论知识应用于实践。

3. 定制化学习材料

根据学生的学术水平和具体学习需求提供定制化的学习资源，例如不同难度的资料、扩展阅读材料和学术论文等。

4. 反馈与评价工具

为学生提供反馈和评价工具，帮助他们进行自我评价和改进，如自我测试、写作指导和口语练习等工具。

5. 互动式学习平台

搭建在线学习平台，促进学生之间的协作与交流，让学生能够在虚拟环境中共享资源、讨论问题并协同解决问题。

6. 教师的培训与支持

为教师提供培训和支持，帮助他们更有效地利用和融合各种学习资源，其中包括教育技术的培训和教学设计方面的指导。

7. 持续地更新与完善

定期对学习资源进行评估和改进，确保它们与学术界和行业的最新趋势同步。通过定期更新教材和调整课程设计，反映出最新的发展动态。

8. 学生的参与及反馈

鼓励学生在资源选择和评估过程中发挥积极作用。学生的反馈和建议对于改善学习资源和优化课程设计至关重要。

通过实施这些策略，学校和教育管理者能够更好地支持生态化教学模式的运用，从而使大学英语教学更加吸引人且实用，有助于提升学生的学习成果和满意度。

（二）注重大学英语生态化教学环境的构建

构建大学英语生态化教学环境至关重要。为了实现这一目标，以下是一些具体的策略和方法，可协助高校教育管理者、教师及学生共同推进。

1. 建立以学生为中心的教学环境

确保学生在课堂上处于中心位置，鼓励他们提问、参与讨论、分享观点，并参与到课程的设计与评估中。教师应当扮演指导者和激励者的角色，助力学生培养自主学习的能力。

2. 促进合作与互动

营造一个鼓励学生合作与互动的环境，比如小组项目、讨论论坛和在线协作工具等。这不仅能帮助学生共享资源、相互学习，还能培养他们的团队合作和沟通能力。

3. 培养批判性思维

通过提出开放式问题、分析案例和组织课堂讨论来激发学生的独立思考和解决问题的能力。教师可以作为引导者,鼓励学生提出疑问并自主寻找答案。

4. 创设反馈机制

为学生提供定期的反馈机会,帮助他们了解自身的学术表现并给出改进建议。这可以通过作业批改、个别会谈、在线测试等多种方式来实现。

5. 实践性学习

融合理论与实际操作,让学生投身于真实的项目、实验或实习之中,可以增强他们将课堂知识转化为实用技能的能力,从而提升学习的实际应用价值。

6. 教师职能的转型

教师的角色应当从单纯的知识传播者演进为学生的指导者和支持者,重点在于激发学生的内在学习动机,培养他们的独立思考能力和专业素养。

7. 学生的反馈及参与度

应积极鼓励学生发表对课程的看法,以便更好地调整和完善教学策略。同时,还应促使学生在诸如课程规划和资料选取等环节中发挥更积极的作用。

8. 持续的评价与优化

为了确保教育环境能够持续进步,教育管理者与教师需要定期对教学效果进行评估,并根据评估结果、学生意见以及教师发展培训做出相应的改进措施。

通过实施这些策略,学生能够在学习过程中更加积极地参与,而教师也能更有效地指导和支持学生,这样共同营造出一个更加生态友好且和谐的大学英语学习氛围，有助于提升学生的学术成绩和全面能力。

（三）注重完善生态化教学模式的教学评价体系

教学评价体系是生态化教学实施与教学质量提升的关键推手。创新评价方式、多元化评估及学生参评，均为重要举措。多元化评价不仅限于考试成绩，还涵盖课堂互动、小组讨论、作业和项目等，全面展现学生能力与素质。学生参评则促进自我认知，激发学习兴趣与责任感，提升自主学习能力。教师据此调整教学策略，提供个性化支持，满足学生个性化需求，进而提升教学效果与质量，助力生态化教学模式的成功实施。

综上所述，生态化教学模式作为应对经济全球化挑战与英语专业人才培养需求的创新手段，为教育领域注入了强劲动力。高校英语教师须深入洞悉其核心理念与深远价值，勇于实践，探索其在课堂中的有效融入路径。借助开放包容、平等对话、积极互动与协作共进的教学策略，点燃学生的学习热情，强化其自我驱动的学习能力，进而提升教学质量，为社会输送更多具备高素养的英语专业人才。此外，教育管理体系中的决策者、政策规划者及高校领导层亦应扮演积极角色，通过政策激励与资源倾斜，为生态化教学模式的广泛推广与实施保驾护航。此举不仅有助于精准对接社会对英语专业人才的迫切需求，更是推动教育体系持续革新、迈向更高层次发展的必由之路。

第二节 支架式教学模式

一、支架式教学模式的教育学理论基础

支架式教学根植于建构主义理论,其核心在于倡导学生主动学习,鼓励学生依据个人理解和方式自主构建知识体系。在这一过程中,教师不仅是教学流程的引领者,更是学生探索知识的亲密伙伴与协助者。以下是对该教学模式理念的深入阐述。

(一)学习是学习者的主动建构

建构主义理论视学习为个体心智的主动活动,学习者在与外界环境的交互中,依托自身既有的知识和经验,积极创造并深化新的认知与理解。此观点凸显了学习的主体性,即学习者在学习旅程中占据主导地位,他们不仅是信息的接收者,更是知识大厦的主动建造者。

(二)学习者以自己的方式建构知识

每位学习者均有独一无二的经历与知识底蕴,他们对于新知的接纳与诠释方式自然千差万别。支架式教学模式正是基于这一认知,倡导学生依据个人经验及理解框架来自主构建知识体系,从而催生了学习路径与成果的多元化态势,因为每位学生都可能从独特的视角出发,赋予知识以个性化的解读与阐释。

(三)教师是教学过程的主导者和合作者

依据建构主义的视角,教师的职能已悄然转型。他们不再局限

于单纯的知识传递者角色，而是转变为学生学习旅程中的导航者与伙伴。在这一新角色中，教师致力于营造富有启发性的学习环境，搭建学习支架，激励学生勇于质疑、深入探索、积极交流并自主总结。这种协同合作的教学模式，极大地激发了学生的主动学习潜能，助力他们更深刻地领悟知识精髓，并灵活应用于实践之中。

简而言之，支架式教学契合建构主义教育理念，它鼓励学生积极投入，主动构建知识框架，并赋予教师多重角色，成为学习伙伴与引导者。此模式有效促进学生对知识的深入理解与长期记忆。

二、支架式教学模式在大学英语教学中的应用

《大学英语课程教学要求（试行）》（以下简称《教学要求》）详细规定了针对不同英语水平学生的差异化教学目标，旨在通过分层教学促进学生的个性化与自主学习，并凸显学生在整个学习过程中的核心地位。

将支架式教学与现代信息技术融合，是践行《教学要求》理念的有效途径。此模式激励学生积极投入学习，依据个人能力和需求构建知识体系，并借助信息技术的力量，拓宽学习资源，丰富学习工具，从而促进个性化学习。

（一）潜在优势

1.个性化学习

通过支架式教学方法，学生能够依据自身的兴趣与需要来构建知识体系，与此同时，现代信息技术的应用则提供了丰富多样的学习资源，确保每位学生都能找到符合自己需求的学习资料。学生可根据个人的学习节奏和偏好自由挑选合适的学习内容及活动。

2. 自主学习

在支架式教学理念中,学生的积极参与是核心要素,而借助现代信息技术的支持,诸如在线学习平台和工具,自主学习得以实现。这样一来,学生能够不受时空约束地获取所需的学习资料,进行自我导向的学习过程。

3. 合作学习

支架式教学同样重视学生间的合作互动,而在现代信息技术的帮助下,在线协作工具使得学生能够更有效地进行沟通与合作。这样的安排有利于学生共同探讨知识,交换见解。

4. 实时反馈

利用现代信息技术提供的即时反馈系统,学生可以及时了解到自己的学习进展和成果情况。这些反馈信息对学生来说至关重要,因为它能够帮助他们适时调整学习方法,从而更高效地达成既定的学习目标。

总的来说,将"支架式"教学法与现代信息技术融合,能够更有效地契合大学英语教学的需求,推动学生的个性化与自主学习,进而提升教学质量和效率。这种教学方式有利于增强学生的综合英语技能,使他们更能胜任现代社会的要求。

(二)关键点

1. 搭建支架

将支架式教学模式与《教学要求》中的各个层级标准相整合,基于学生的当前能力和潜在成长空间来构建多层次的概念框架,是一种十分合理的方式。这种方法因其个性化的特点,有助于满足各类学生的需求,并激发他们的学习热情和潜能。

以下是结合不同学生需求实施支架式教学的一些步骤。

（1）课程规划与分层指导

首先，教育者应依据《教学要求》中规定的不同层级标准来进行课程设计，并据此将学生分配到不同水平的班级或小组。这样，每一层级的学生都将拥有定制化的教学内容和学习目标。

（2）构建概念模型

针对各个层级的学生，教师可以设立相应水平的概念框架，涵盖必要的词汇量、短语积累以及活跃词汇等内容。这些框架将成为教学的基础，支持学生逐步建立英语知识体系。

（3）多媒体资料的开发

考虑到各层级学生的具体需求，教师可以开发包含文本、图片、音频和动画等多种形式的多媒体教材。通过现代信息技术手段向学生展示这些资料，能够增加学生的学习兴趣并提高其参与感。

（4）个性化与自主学习

支架式教学倡导学生的主动参与和个性化学习。教师可以提供多样化的学习路径和资源供学生选择，以适应他们的独特需求。学生可以根据自身的学习节奏和偏好来挑选适合的学习材料和活动。

（5）即时反馈与评价

利用现代信息技术提供的工具，教师能够给予学生即时反馈，帮助他们掌握自己的学习进展和表现情况。这样的反馈机制有助于学生调整学习方法，确保达到各自层级的教学要求。

总体来说，将支架式教学策略与《教学要求》中的分层标准结合起来，能够为学生提供个性化的学习体验，有助于满足他们的学习需求并提升英语学习的成效。这种教学方法充分利用了现代信息技术的优势，为英语教育提供了更多可能性。

2. 进入情境

建构主义导向的教学方法注重学生的积极参与、在日常生活中的学习以及多元化的资源利用。这种方法不仅能够激发学生的学习兴趣，增强学习效果，还能提升他们解决问题和批判性思考的能力。在此过程中，教师承担着关键的引导和支持作用，协助学生建立自己的知识体系。以下是一些额外的考虑因素和建议。

（1）情境化学习

为了使学生能够在实际环境中运用所学知识，可以选择贴近学生日常生活或兴趣的主题或问题来设置学习场景。比如在探讨环保议题时，可以引入现实世界中的环保案例或相关新闻报道，使学生能够更好地理解所学内容。

（2）多样化的学习资源

应该提供多种形式的学习资料，如文本、图片、音频和视频等，以适应不同学习风格的学生需求。有的学生可能倾向于通过阅读文字材料来学习，而另一些学生或许更喜欢通过观看视频或听取录音来吸收信息。

（3）自主学习与解决问题

激励学生在学习过程中提问、探索解决方案，并亲自参与到解决实际问题的过程中去。教师应充当指导者，引导学生进行批判性思考并寻找解决问题的方法，而不仅仅是单方面地传递知识。

（4）适应不同层次的需求

针对具有不同水平的学生，应当提供不同难度级别的学习任务和材料。这样做可以让每个学生在适度的挑战中成长，并通过适时的支持与反馈帮助他们不断提高自身能力。

（5）互动与协作

促进学生之间的交流与合作，鼓励他们分享各自的见解、想法和解决问题的方法。这不仅能帮助学生从同伴那里学到东西，还有助于共同构建知识体系。

3. 独立思索

建构主义教育注重学生的主动参与、反思以及个性化学习体验。这种方法不仅有助于培养学生的自主学习能力，还能激发他们的创新思维，增强解决问题的技巧，从而使他们更加从容地面对复杂的学习任务和现实生活中的挑战。在这个过程中，教师扮演着至关重要的引导者和支持者角色，帮助学生建立起深层次的理解。以下是一些额外的思考。

（1）启发性问题

鼓励学生提出能够引发思考的问题，这些问题应当富有启发性，旨在激发他们的好奇心和探究欲望。通过这样的问题，引导学生深入思考和探索主题，而不仅仅是寻找答案。

（2）反思与对话

在学生探索知识的过程中，引导他们对自己的理解和观点进行反思，并与同伴交流分享。这不仅能帮助学生获得对主题更全面的认识，还能锻炼他们的批判性思维和沟通技巧。

（3）自主学习

培养学生的自主学习能力是建构主义教育的核心目标之一。教师可以逐渐减少直接指导，鼓励学生独立思考和自主解决问题，从而帮助他们建立自信和学术上的自律。

（4）实践与运用

将理论学习与实际操作相结合，让学生有机会在真实的环境中应用所学知识。这样做不仅有助于加深他们对学习内容的理解和记忆，还能将知识转化为实用的技能。

（5）个性化学习

认识到每个学生都有独特的学习风格、兴趣和需求，并据此提供定制化的支持和资源。不同的学生可能需要不同的学习途径和材料来实现相同的学习目标。

4.合作学习

合作学习是建构主义教育的重要组成部分,它重视通过社会互动与协作来帮助学生构建知识。这种方式有助于培养学生的批判性思维、沟通技巧和解决问题的能力,为他们今后的学术追求和职业生涯打下坚实的基础。以下是一些关于合作学习与建构主义教育的核心观点。

(1)合作学习的好处

通过合作学习,学生能够在相互之间的交流与讨论中构建知识。在小组或团队合作中,学生能够分享自己的看法、提出疑问,并一起探索解决方案,这种合作有助于深化理解和学习。

(2)社会性构建

建构主义理论强调的是社会性构建过程,即学习者通过与他人的互动来共同创建知识。当学生与同伴一起思考、讨论并解决问题时,他们能从多种视角审视问题,获得多样化的观点和见解。

(3)反思与修正

合作学习也为学生提供了反思自身思维的机会。通过阐述个人观点并接受他人的反馈,学生可以调整他们的理解与观点,从而优化学习方法。

(4)增进沟通与表达

除了帮助构建学术知识外,合作学习还促进了学生的沟通和表达能力。学生需要清晰地传达自己的思想,同时聆听并理解他人的意见,这对于他们今后的职业生涯和社会交往至关重要。

(5)多样性和包容性

在合作学习的环境中,来自不同背景、具有不同经验和观点的学生可以共同学习。这种多样性有助于学生理解并尊重不同的文化

与观点,促进相互之间的理解和包容。

5.总结、评价

在大学英语教学中,尤其是要达到《教学要求》中较高和更高的标准时,教师需要运用多样化教学与评估方法来支撑学生的高层次学习。以下是一些有助于学生在英语学习中实现高级学习目标的教学与评估策略。

(1)案例研究与实践应用

将英语学习与实际案例和现实生活场景联系起来。通过让学生处理真实问题、参与实践活动或模拟场景,他们可以把学到的语言和技能付诸实践,从而提升学习水平。

(2)批判性思考

鼓励学生提出问题、分析信息和评估观点,而不仅仅局限于记忆知识。引导学生思考并探索多元视角,以此来培养他们的批判性思维能力。

(3)团队协作

通过团队合作项目,学生可以协同工作来解决问题,分享观点,并互相学习。这有助于他们提升协作与沟通技巧,并从同伴的经验中获益。

(4)项目任务

设计具有挑战性的项目作业,要求学生整合所学的英语技能,包括口头表达、书面写作和翻译,以完成复杂的任务。

(5)自主学习

激励学生积极主动地探索和学习,虽然提供必要的资源和指导,但也让他们在一定程度上自主思考和解决问题。这有助于培养他们的自我学习能力。

(6) 持续反馈

持续提供反馈，帮助学生了解自己的学术进步，并提出改进建议。这可以鼓励学生不断优化他们的学习方法和技能。

大学英语教学应当更加注重高级学习目标与方法，通过与实际情境的结合、批判性思维的培养以及深度学习的推进，来增强学生的综合能力。教师在规划课程和制定评估方式时，应思考如何助力学生在高级学习上取得成就。这样，才能更好地符合《教学要求》中设定的较高和最高级别标准。

建构主义的"支架式"教学模式注重学习者的主动性、目标导向及社会互动，这对教学改革和学习效果提升具有重要意义。该模式不仅能够激发学生的学习兴趣，增强他们的自主学习能力，还能促进批判性思维与合作技能的发展，从而更好地适应不同层次和需求的学生。此外，这种教学模式与现代技术进步及在线学习趋势相结合，为学生提供了丰富的学习资源与工具，实现了个性化学习和跨越时空限制的学习体验。这对于满足大学英语教学的不同层次要求及提升教学质量非常有利。总的来说，建构主义的支架式教学模式有助于提升学生的综合素质与自主学习能力，推动了教学创新与教育现代化进程，对提高学生的英语水平及满足现代社会的需求产生了积极影响。

第三节　翻转课堂教学模式

翻转课堂作为一种教育模式，其核心在于颠覆传统的课堂教学方式，将学生的学习活动从教室转移到课外，着重于学生的主动参与和自主学习。这种模式可以通过现代信息技术，如在线教育平台、视频讲座和网络讨论等方式，来支撑和促进学生的学习流程。总而言之，翻转课堂是一种有望提升教育质量的教学模式，它强调学生的主动学习与实践应用，有助于增强学生的自主学习能力和批判性思维。在大学英语教学中，运用翻转课堂可以增强学生的英语语言技能和交际能力。

一、翻转课堂概述及优势

（一）概述

翻转课堂的核心理念在于重新安排课堂内外的学习时间，将传统的授课内容转移至课前由学生自主学习，从而使课堂时间变得更加高效且有针对性。这种模式强调学生的主动学习，有助于培养他们的自主学习、合作及批判性思维能力。同时，翻转课堂充分利用了现代信息技术，提供了多种学习资源和工具，能够更好地满足学生的个性化学习需求。学生可以在课前按自己的进度和需求预习材料，然后在课堂上与老师和同学进行讨论和解决问题，这种互动的学习方式能够激发学生的学习兴趣和积极性。此外，翻转课堂顺应了互联网时代的教育趋势，让学习变得更加灵活和便捷。学生可以利用在线资源随时随地进行学习，不再受制于传统的教室环境。这种模式还有助于提升教育的效率与质量，为学生提供更为深入和实用的学习体验。综上所述，翻转课堂是教育领域的一种革新，有助于适应现代学习需求和技术发展，改善学生的学习体验和成果。

（二）优势

翻转课堂教学法顺应了当代学习趋势与技术革新，不仅拓宽了学生的学习途径与机会，也为教师引入了丰富的教育资源和教学手段，有效促进了教育品质与效率的双重提升。其显著优势可归纳为如下几点：

1. 自主学习能力的提升

翻转课堂鼓励学生在课前自主学习和掌握课程内容，这种做法有助于增强学生的自主学习能力，并激发他们对学习的积极性。

2. 教学信息的精准传达

在翻转课堂模式下，教学视频往往经过教师的精心设计与剪辑，确保信息传递更加清晰和聚焦，使学生能在有限的时间内快速捕捉到重点。

3. 学习流程的改进

通过将基础知识的学习前置到课前，课堂时间可以被用来进行深入讨论、解决问题和互动交流，这种优化后的学习流程更利于学生深入理解和实际应用所学知识。

4. 即时反馈与复习效率

翻转课堂模式使学生能够及时了解自己的学习进度，发现问题并迅速解决，从而提高复习效率。同时，教师也能更好地跟踪和评估学生的学习状况。

5. 学生的积极参与与合作精神

翻转课堂提倡学生在课堂上积极参与讨论和进行小组合作，这不仅有助于培养学生的团队合作意识，还能增强他们的沟通交流能力。

二、翻转课堂对大学英语教学的意义

翻转课堂在大学英语教学中具有重要的价值。引入翻转课堂模式确实能够有效改进英语教学的方法和效果，以下几点体现了其重要性。

（一）树立学生的"进阶意识"

翻转课堂强调自主学习的重要性，促使学生在大学期间承担起更多的学习责任。这种方式有助于培养学生的进阶意识，增强他们的学术独立性和学习主动性。

（二）新型的师生关系

翻转课堂打破了传统以教师为中心的教学模式，鼓励师生之间进行平等的交流与互动。这种新型的师生关系能够提升学生的参与度，使学生获得更深层次的学习体验。

（三）培养文化认知

通过翻转课堂，英语教学可以与文化探索相结合，帮助学生深入了解英语背后的文化内涵。这不仅有助于提升学生的语言能力，还能够拓宽他们的文化视野，丰富其文化认知。

（四）适应学生的学习习惯

翻转课堂借助现代信息技术，适应了学生碎片化和网络化的学习习惯，使学生能够根据自身的时间安排和学习方式进行自主学习，从而提升了学习的自由度与灵活性。

总而言之，翻转课堂不仅带来了一种全新的教学模式，还促进了学生的学术能力、团队合作精神和文化认知的提升，有助于更好地满足大学英语教育的需求，并显著提高了教育质量。这一教育创新对现代大学英语教学产生了积极且深远的影响。

三、大学英语翻转课堂教学流程的设计

翻转课堂通过重新分配课堂时间和学习活动，更好地满足了学生的学习需求，提供了一种更加灵活且个性化的学习体验。总的来说，翻转课堂将课前自学与课堂内的深入学习有机结合，使学生能够更高效地利用课堂时间，加深对知识的理解与应用。这种教学模

式突出了学生的主动性和参与感，有助于提升他们的学习效率和成就感。同时，在这一过程中，教师承担了更多的指导和支持职责，以保障学生的学习进程顺利进行。

（一）课前学习环节的教学设计

课前学习环节的教学设计详尽且有条理，这些步骤和策略对于成功实施翻转课堂至关重要。以下是对课前学习环节教学设计的一些进一步思考。

1. 预设性学习资源

在制作预设性的学习资源时，教师应当考虑将课程内容进行模块化处理，这有助于学生更高效地理解和吸收知识。除此之外，提供多样化的学习材料，包括教学视频、文本资料以及习题练习等，能够满足具有不同学习偏好的学生的需求。另外，通过引入在线测验或小型测试，可以帮助学生更好地评估自身的学习进展，并且在课前自主学习阶段就能获得即时的反馈信息。

2. 课前练习活动

设计练习活动时，应根据教学目标和学生的实际水平，由简入繁，逐步引导学生深入理解课题。任务型学习是一种有效的方法，可以通过设置与现实生活情境紧密相关的任务，使学生在解决实际问题的过程中运用英语。与此同时，在这一学习阶段，教师应适时提供必要的提示和指导，帮助学生解决遇到的难题，从而促进其语言能力的提升。

3. 观看课程教学视频

学生在观看教学视频的过程中，教师可以设计启发性问题和讨论议题，以此激发学生的思考活力与讨论热情。这样做能促使学生对视频内容有更深刻的理解，而非仅仅停留在信息的被动接收层面。同时，教师也应鼓励学生做好笔记或总结，以便在课堂上进行分享交流。

4.课前互动性学习活动

本环节旨在加强同学间的合作交流与讨论，教师可设立在线平台供学生分享见解、疑问及答案。教师亦可加入讨论，解答疑惑，并补充讲解或实例。这种互动不仅能构建学习社群，还能增强学生的学习动力和参与度。

简而言之，教学设计需紧扣翻转课堂的精髓，即利用预习与在线资源激发学生自主学习兴趣，进而在课堂上深化知识应用。此法不仅提升学习成效与参与度，还为学生开辟了广阔的自学空间。

（二）课堂学习活动环节的教学设计

翻转课堂模式将学习的主动权交予学生，鼓励自主学习与团队合作，而教师则在此过程中担当着至关重要的引导和辅助角色。其核心目标是激发学生对知识的深层次探索，提升其问题解决能力和团队协作精神。正因如此，教师在翻转课堂中的作用不仅未减，反而更显关键。翻转课堂的课堂设计路径概括如下：

1.总结课前，确定问题

在翻转课堂中，教师会将学生课前预习的情况及遗留问题作为课堂讨论的起点，依据学生的具体需求和反馈灵活调整教学方案，以增强课堂活动的精准性和互动性。这种策略不仅促进了学生自主学习和问题解决技能的发展，还成功构建了一个充满活力与动力的学习环境。总结课前准备并明确问题，主要涵盖以下几点核心内容。

（1）综合评价学生的课前学习情况

课堂正式活动启动之前，教师可安排学生个人或小组进行自学与讨论成果的汇报展示。此环节可由学生代表或小组发言人承担，旨在让学生分享个人学习心得、已掌握的知识要点及遇到的难题。汇报展示不仅能让教师精准把握学生的学习进展与需求，也促使学生进行自我学习成效的评估与反思。同时，倡导学生间开展相互评价，通过借鉴他人经验，汲取灵感与建议，共同促进学习成长。

（2）深入研究未解决的问题

面对课前讨论中遗留的未解之惑与困惑点，教师会巧妙地将它们融入正式课堂之中。在课堂上，教师将与学生携手，针对这些问题进行深入剖析，提供丰富的背景资料、详尽的解释及专业指导。此举旨在激活课堂互动，深化学习层次。为实现这一目标，教师会采取多种策略，如抛出新问题引发思考、组织小组讨论促进思想碰撞，或激励学生主动探索答案，以此引领学生的学习之路。

2. 独立思考，自主探究

独立思考与自主探究是构筑学生自主学习、创新思维及问题解决能力的基石。这一过程能够激发学生的求知欲，促使他们主动追求知识，进而点燃学习的热情之火。它不仅助力学生掌握自主学习与批判性思维的技巧，还锤炼了他们解决实际问题的能力，这些能力在高等教育及未来职业生涯中均占据举足轻重的地位。此外，此教学方法还有助于营造积极向上的学习风气，激发学生的学术追求与热忱。独立思考与自主探究的核心要素涵盖了以下几方面。

（1）兼顾个体差异性

教师在构思探究性问题时，须充分考量学生间的差异性，这涵盖了学术造诣、个人兴趣及学习偏好等多个维度。因此，设计问题时应构建一个多元化的难度与复杂度梯度，以便适配不同能力层次的学生需求。部分问题可设定为基础入门级，便于初学者轻松上手；而另一些则提升挑战性，专为已具备一定基础的学生量身打造。如此布局，可确保每位学生都能在与其能力相匹配的层面上，自由地进行独立思考与自主探究。

（2）学生自主选择问题

当教师为学生呈现一系列探究性问题后，应赋予学生自主选择问题的自由。学生可根据个人兴趣倾向、学术发展需求及学习目标，从中挑选出最吸引自己或认为最具价值的问题进行深入研究。这一举措能够有效激发学生的主观能动性，因为当学生自主选定感兴趣或认为重要的问题时，他们往往会投入更多的热情与精力去学习探索。

（3）小组合作

学生可根据所选问题自由组合成研究小组，每个小组聚焦一个子课题进行深入探索。小组成员间将展开密切的合作与交流，相互分享观点与研究成果。这种团队协作的模式不仅能够增进学生间的互动与默契，还能激发他们从不同维度审视问题、寻求解决方案的灵感。

（4）整合思考和汇总

小组成员各自独立钻研子问题后，会汇聚各自的思考与研究成果，共同编织成一份全面的探究报告。此过程倡导学生全方位、多角度地审视问题，并通过小组内的深入交流与讨论，不断修正与完善彼此的理解与认知。

3. 团队协作，合作学习

翻转课堂中，合作学习作为一种极具价值的教学策略，显著促进了学生对知识的深入理解和实践应用。以下是几条高效构建小组或团队，以强化合作学习的实用建议。

（1）均衡差异性

在组建小组时，要确保成员在学术能力、兴趣倾向、学习模式及能力等方面保持均衡。这样做能防止小组内出现权力不均，即某些学生主导讨论而忽略其他学生意见的情况。保持差异性的平衡旨在激励每位学生展现自我优势,并促进多元化观点的碰撞与交流。

(2)小组组建方式

教师在组建小组时,可采取多样化的策略,比如随机分配、学生自主配对或由教师直接指定。随机分组策略能够自然形成学生间的多样性,但初期可能因彼此陌生而需要时间磨合,建立合作关系。若让学生自由组合,则能确保他们与兴趣相投的伙伴共事,不过这也可能带来小组间能力分布不均的问题。相比之下,教师指定分组则能凭借对学生的深入了解,组建更为均衡的小组。实践中,这些分组方法往往灵活结合,以适应不同的教学需求和学习任务。

(3)小组大小

理想的小组规模应控制在4至6人之间,这是一个既实用又高效的区间。小型组虽便于管理,但可能因成员过少而限制了观点的多样性和资源的丰富性。相反,大型组虽能汇聚更多视角和资源,但管理难度和协调成本也会相应增加。因此,在实际操作中,小组规模应根据具体情境灵活调整,但应避免过大,以确保每位成员都能保持较高的参与度和归属感。

(4)组长角色

每组可选出一名组长,负责统筹和监督学习进程。组长职位可轮流担任,确保每位学生都能体验领导角色。组长的职责涵盖督促小组按时完成作业、激发讨论合作、提出疑问并与教师沟通。这一角色对于小组管理和学习进度的把控至关重要。

(5)合作活动

通过辩论、话剧表演、竞赛等形式进行合作,这些形式应依据教学目标和任务灵活选择。辩论能锻炼学生的逻辑思维能力,话剧表演则促进表达与演技,而竞赛则能有效激发学生的参与热情。恰当选择合作活动,能加深学生对课程内容的理解与掌握。

通过优化小组构建和合作学习策略，能激发学生间的积极互动，深化学习层次，并强化团队协作能力，从而显著提升教学质量。这一过程还锤炼了学生的团队合作能力，为他们未来的职业生涯奠定坚实基础。

4. 成果展示，交流互动

在翻转课堂教学中，成果展示扮演着举足轻重的角色，它既是知识巩固的桥梁，也是表达能力提升的催化剂，更能促进同学间的交流与协作。以下是一些提升成果展示效果的实用建议。

（1）选择合适的展示方式

教师可根据实际情况灵活选择多种展示形式，如现场课堂展示、课后录像分享以及在线平台呈现。每种展示方式各具特色，适用于不同场景。课堂即时展示能增进师生及同学间的面对面交流，但可能需要额外规划时间；录像展示则为学生预留了充裕的准备空间，遗憾的是可能牺牲了即时的互动反馈；而在线平台展示则以其高度的灵活性和便捷性，为学生和教师带来了更多展示与交流的可能。

（2）明确展示内容

学生在展示前需要清晰界定展示内容，涵盖研究问题、方法、成果及总结，以确保展示焦点明确，避免关键信息遗漏。

（3）时间控制

教师应科学规划展示时间，确保各小组有充足时间展示成果，同时不超出课程预设时长。若小组众多，可考虑分批次进行展示，避免课堂时间过长。

（4）反馈与评价

展示完毕后，教师与同学共同给出反馈，让学生明确自身优势与有待改进之处，教师则提供具体建议助力学生成长。

（5）促进互动

鼓励学生积极提问交流，深化理解，促进知识内化。

（6）榜样展示

精选优秀小组成果全班分享，让成功经验成为学习典范。

（7）成果记录

记录展示内容，便于学生复习，同时构建学习轨迹，监测成长历程。

（8）激励机制

设立奖励措施，激发学生参与热情，表彰优秀学生。

经过周密的筹备与高效的执行，成果展示能够成为翻转课堂的亮点，加深学生对知识的理解和应用能力，同时增强他们的自信心与表达能力。

5. 评价反馈，建议改进

在教育领域，教学评价的重要性不言而喻，它不仅是衡量学生学习成效的标尺，也是引导教学优化、激励学生主动学习的关键。针对英语翻转课堂这一教学模式，提出了一些关于教学评价的补充性建议。

（1）拓宽评价维度

在评价学生表现时，除了自我、同伴及教师评价外，还可融入作业质量、小组项目成果、口头汇报及课堂参与度等多维度考量，以实现对学生学习全貌的深入理解与评估。

（2）即时反馈机制

教师应当及时给予学生反馈，以便学生在学习旅程中即刻调整方向，纠正偏差，促进持续进步。这样做能确保学生在整个学期中都能稳步前行，而非仅在期末时才恍然醒悟。

（3）促进自我反思与目标规划

教师应激励学生主动进行自我反思，认清自己的学习特点与挑战,并据此设定个性化学习目标,制订具体改进策略。同时,鼓励学生定期审视并适时调整这些目标,以确保始终朝向既定方向前进。

(4)聚焦学习历程

在评价过程中,我们不仅要关注学生最终的知识掌握程度,更要重视他们在学习过程中的表现与成长。这包括但不限于学生的课堂参与度、团队协作能力、问题解决技巧以及批判性思维能力等,这些都是衡量学生综合素质不可或缺的重要指标。

(5)培养自主学习习惯

教师应当成为学生自主学习旅程的催化剂,激励他们主动投身于翻转课堂的每一环节;同时,在评价体系中融入对学生自主学习能力的认可与评估。

(6)建立定期沟通机制

为增进对学生学习状态的深入洞察,教师应定期举办反馈会议,与学生共同探讨学习进展、面临的挑战及个人需求,从而为学生提供更加精准的学术支持与指导。

(7)实施个性化评价策略

鉴于学生间存在多样性,教师应采取适应性评价策略,充分考虑每位学生的学习风格与个性化需求,确保评价过程既能准确反映学生表现,又能有效促进其学术成长。

(8)持续优化课程设计

教师应将学生反馈视为宝贵资源,积极吸纳并整合于课程设计与教学方法的改进之中,以持续提升教学质量,满足学生日益增长的学术需求。

教学评价应当是一个全面且具针对性的活动,其核心在于促进学生的全面发展,激发他们的学习积极性与参与度,并为其提供个人成长与改进的宝贵机会。此外,这一过程也助力教师更深入地理解学生,精准把握其学术需求,从而不断优化教学策略,提升整体教育质量。

简而言之,大学英语翻转课堂作为现代教育模式的一种革新,有效颠覆了传统教学的框架。它巧妙借助互联网与现代科技的力量,极大地激发了学生的自主学习热情,提升了课堂参与度和学习成效。此模式不仅为学生开辟了更广阔的自主学习与协作学习空间,还极大地促进了其创新思维与主动探索能力的培养。对于教师而言,这也是一个持续成长与适应的过程,他们需要紧跟时代步伐,灵活应对学生需求及教育变革的挑战。总之,大学英语翻转课堂对于提升教育质量、促进学生全面发展具有深远的意义和价值。

第四节 多维互动教学模式

在大学英语教学中,多维互动教学模式无疑占据着举足轻重的地位,它不仅显著增强了教学效果,还极大地激发了学生的学习热情。此模式通过多样化教学手段与内容的融合,为学生提供了更加丰富、深入的学习体验,促使他们更加积极主动地参与到学习过程中。教师在实施这一模式时,应巧妙设计各类互动环节,激发学生的思考与讨论,营造积极向上的学习环境,进而确保教学目标的顺利实现。此外,持续的反馈与迭代优化是维系该教学模式活力与高效性的核心所在,确保其能够不断适应教学需求的变化,持续为学生带来优质的学习体验。

一、大学英语教学中多维互动教学模式应用价值

在课堂上确保以英语为主导,激励学生用英语交流。教师可借助多媒体、趣味游戏及角色扮演等策略,增强课堂互动性,营造沉

浸式英语氛围。同时，鼓励学生加入英语角、俱乐部等课外活动，以提升英语应用能力。

（一）学生主动参与

为了激发学生的求知欲与主动性，可实施问题导向的教学策略，激励学生提问并携手解决难题。此外，教师应设计富有挑战性的任务与项目，促进学生在团队协作中展现创意与主动性。

（二）多维互动情境的构建

教师可依据教学内容与目标，设计丰富多彩的互动情境。比如模拟现实生活场景，让学生在实践中应用英语，从而提升其交际能力。情境教学贴近英语学科的实际需求，效果显著。

（三）反馈机制

构建高效的反馈体系对多维互动教学至关重要。教师应迅速解答学生疑问，并倡导学生间相互给予反馈。此举能帮助学生迅速纠正错误，推动学习不断进步。

（四）跨学科融合

在多维互动教学的框架下，我们可以探索英语与其他学科的融合路径，为学生打造跨学科的学习平台。这样的尝试能够帮助学生更深刻地认识到英语在多元领域中的实际应用，进而促进他们综合素养的全面提升。

综上所述，为了科学有效地运用多维互动教学模式，我们必须全面审视教育环境、精准把握学生需求，并深入剖析课程内容。只有这样，我们才能确保学生在英语语言技能和综合素养方面得到均衡发展。此外，持续的教学创新与改进，更是推动教育质量不断提升的关键所在。

二、多维互动教学模式应用策略

（一）转变传统教学理念

实现多维互动教学要求教师持续投入与不断精进，旨在契合学生需求，促进其成长为自主学习者及创新型人才。通过激发学生对学习的兴趣与热情，教师在大学英语教学中能够达成更为卓越的教学成效。以下是几项核心建议，旨在助力教师科学地实施多维互动教学策略。

1. 教学理念的转变

教师应逐步转型，从传统的知识灌输者变为学生的学习向导与伙伴，鼓励学生自主探索，点燃其求知热情，辅助他们积极构建知识体系。

2. 学生主体地位

在教学过程中，学生处于核心地位，他们的参与、决策、提问与观点分享应成为常态。我们鼓励学生主导自己的学习进程，培养自我管理与责任感，确保他们在教学活动中占据主导地位。

3. 问题意识的培养

为了提升学生的批判性思维和问题解决能力，我们应鼓励他们勇于提问、敢于质疑，并引导他们自主寻找答案。这种以问题为导向的教学方法，旨在激发学生的好奇心，促使他们更加主动地投入到学习中去。

4. 创新和应用能力的培养

多维互动教学致力于培养学生的综合素养，特别是创新能力和应用能力。通过设计贴近实际的项目和任务，我们鼓励学生将所学知识应用于解决实际问题中,从而在实践中锻炼和提升他们的创新能力。

5. 持续反馈和改进

教师应定期与学生沟通,掌握其需求与意见,并据此灵活调整教学策略,这种双向互动对于提升教学质量大有裨益。

6. 教育技术的应用

善用教育技术工具和在线资源来增强多维互动教学效果,这些工具能促进学生更积极地参与互动,实现个性化学习,并及时获得反馈。

(二)科学开展小组合作

学生间的积极互动对于提升英语学习成效及促进个性发展至关重要。以下是教师在大学英语教学中促进学生有效互动的几个关键策略。

1. 小组合作和组长设置

教师可以依据学生掌握英语的程度及学科倾向,精心编排小组,确保各组成员间形成互补。每组应推选或自荐一位组长,负责统筹安排小组活动,同时强化组内成员间的协作与沟通,促进彼此间的相互学习。

2. 合理的主题设置

在讨论环节,教师应精心挑选既具挑战性又富有启发性的主题,旨在激发学生的探索欲与思维活力,引导他们深入交流,碰撞出思想的火花。

3. 引导和监督

在小组讨论过程中,教师应化身为引导者,适时给予反馈与指导,确保讨论不偏离轨道。小组内出现分歧或难题时,教师应适时介入,以巧妙的方式引导成员达成共识,确保讨论活动高效有序地进行。

4. 观察和评估

教师应细致观察各小组讨论动态及成果，以此全面评估学生的表现，特别是其参与度和合作能力，作为评价的重要参考。

5. 语感与表达的双提升

通过模拟教材中的情境与角色，学生能够沉浸于英语环境，有效提升他们的语感和语言表达能力。教师应鼓励小组成员进行角色扮演与讨论，让学生在实践中巩固知识。

6. 课外实践的丰富体验

积极倡导学生投身于课外英语活动，如英语角交流、辩论赛角逐、文化体验之旅等，这些都能让学生在日常生活中频繁运用英语，全方位提升语言综合素养。

综上所述，科学组织小组合作并促进学生间的互动交流，是大学英语教学中增强学生学习成效与个性发展的关键。采用多元化的教学方法及提供丰富的英语实践机会，能够助力学生更全面地掌握英语知识与技能。

（三）保障学生主体地位

在多维互动教学模式中，激发学生积极性、尊重其个体差异及科学引导，是确保学生有效学习的核心要素。以下是一系列深化策略，旨在促进学生在大学英语课堂上积极参与。

1. 营造正向学习环境

教师应积极营造一种鼓励探索、尊重意见、开放交流的学习氛围，以此激发学生的兴趣和参与热情，让学习变得生动有趣。

2. 实施个性化教学策略

鉴于学生间的差异性，教师应采取个性化教学，依据学生的学习特点、兴趣及能力，量身定制学习资源与支持，确保每位学生都能找到最适合自己的学习之道。

3. 点燃好奇心，培养独立思维

通过设计启发性问题，教师可以激发学生的好奇心，鼓励他们勇于质疑、独立思考，从而在课堂中更加主动地参与讨论与互动。

4. 促进自我表达

教师应利用小组讨论、演讲、写作等多种形式，激励学生勇于表达个人观点，同时给予正面反馈与鼓励，助力学生语言表达能力的提升。

5. 培养问题解决能力

在多维互动教学中，教师应超越单纯的知识传授，注重培养学生的问题解决能力。通过传授方法和策略，引导学生在互动实践中锻炼这些技能。

6. 实施即时反馈与评估

教师应及时给予学生反馈与评估，帮助他们清晰认知学习进度与改进方向，从而促使学生更加积极地参与学习并适时调整学习策略。

总体而言，上述策略能够助力教师在大学英语教学中提升学生的积极性和参与度，同时兼顾学生的个性化差异，促进他们在多维互动中全面成长，进而提升英语学习成效。

（四）强化师生情感交流

在大学英语教学中，引入多维互动教学理念对优化师生互动至关重要。以下是促进师生更平等、多维互动的几项实用方法和建议。

1. 构建平等的师生合作

教师应视学生为平等的伙伴，而非单纯的知识接收者，共同构建相互尊重的师生关系，鼓励学生踊跃参与讨论并勇于提问。

2. 倡导情感表达自由

教师可借由开放性话题、分享个人经历、提供情感支持等策略，激励学生在课堂上自由表达情感与见解，营造温馨开放的交流氛围。

3. 精准把握学生需求

深入了解学生在学习旅程中的具体需求与挑战，细致关注并全力支持学生的疑问与反馈。通过定期的交流与反馈会议，确保教学内容与方法紧密贴合学生的学习需求。

4. 推行多元化互动模式

在传统问答基础上，引入小组讨论、角色扮演、项目协作等多元互动形式，以激发学生的创新思维与团队协作能力。

5. 倡导批判性思维

致力于培养学生的批判性思维能力，鼓励他们不满足于被动接受知识，而是勇于对教材和课堂内容提出质疑，进行深入思考。

6. 即时反馈机制

为学生提供即时的反馈，旨在指导他们优化学习方法与表达技巧。反馈内容应全面覆盖学术表现及学习过程中的情感体验。

7. 多元化评价体系

在评价学生时，采取多维视角，不仅评估其知识水平，还注重考查其批判性思维、问题解决能力及沟通技巧等综合素养，以实现对学生表现的全面了解。

利用上述策略，教师可以营造一个情感自由表达、师生平等交流及多维度互动的学习环境，促进学生的全面发展并显著提升英语学习成效。

（五）改进英语教学形式

为了优化大学英语教学，我们可以采取一系列策略，包括革新教学形式、激发自主学习动力、融合多元教学方法以及构建多样化学习情境。以下是有助于实现这些目标的具体建议。

1. 角色扮演与团队协作

教师可以策划角色互换与小组合作的学习活动，让学生在不同的角色扮演过程中加深对课程的理解，同时锻炼团队协作与沟通技巧。

2. 问题引导学习

采用开放性问题激发学生自主探索答案，此举不仅能提升学生的学习兴趣，还能有效培养他们解决问题的能力。

3. 情境教学法

将学习内容融入实际情境中，使学生能在具体应用中深化理解。比如通过模拟真实对话的情境，切实提高学生的口语交流能力。

4. 营造开放讨论氛围

构建一个轻松自由的学习环境，鼓励学生随时发问、分享见解。教师应积极回应学生反馈，共同营造积极互动的学习氛围。

5. 定制化学习体验

深入了解每位学生的学习需求与兴趣点，为他们量身定制学习资源与建议，激发其自主学习潜能。

6. 持续性反馈与评估

提供及时的反馈，让学生清晰认识自身长处与有待改进之处，从而灵活调整学习策略，明确学习目标。

7. 科技融合教学

借助在线平台、多媒体材料及虚拟实验等现代技术，丰富课程内容，增强学生的学习自主性与体验感。

8. 激发创新与批判性思维

着重培养学生的创新思维与批判性思维能力，鼓励他们挑战传统观念，勇于探索新颖的解决方案。

结合上述策略的综合运用，教师可以成功构建一个积极向上的学习环境，有效点燃学生的自主学习热情，提升其学习动力，从而让大学英语教学更加高效。

（六）营造良好学习氛围

营造浓厚的语言学习氛围并关注每位学生的独特性，对于激发学生的积极参与与高效学习至关重要。以下是一系列具体建议，旨在更好地实施多维互动教学策略。

1. 构建多元学习场景

打造涵盖小组协作、情境模拟、角色扮演、深入讨论及项目研究等多元化学习环境，以增强学生参与度，激发其语言学习热情。

2. 个性化课程内容

深入了解学生兴趣与学习需求，灵活调整课程内容，实现个性化教学，让学习更加贴近学生兴趣，增添学习趣味性。

3. 激发主动参与意识

激励学生在课堂上积极提问、分享见解并深度参与讨论，营造轻松氛围，让学生敢于并乐于表达个人看法。

4. 全面评价体系

超越单一考试成绩，采用包括作业、小组合作项目、口语表现等在内的多维度评价方式，全面评估学生学习成效。

5. 个性化关怀

认识到学生间存在的学习风格、速度及难点差异，提供定制化支持，确保每位学生的学习需求得到满足。

6. 高效教师反馈

给予学生及时且具体的反馈与指导，助力学生清晰了解学习进展，并据此调整学习策略。这包括定期的师生交流、个性化建议及评价。

7. 丰富学习资源

为学生提供多样化的学习辅助材料，如在线课程、练习题集、词汇库及语法手册等，以满足其自主学习需求。

8. 倡导反思与自评

鼓励学生养成自我反思的习惯，定期回顾学习历程，设定明确目标，并自我评估学习成效。

采取这些策略，教师能更有效地满足学生个性化的学习需求，营造良好的学习环境，从而提升学生英语学习的成效与自我驱动的学习能力。

（七）合理丰富教学活动

多样化教学活动与全面教学评价对多维互动教学模式的顺利实施至关重要。以下是优化教学活动设计与评价策略的一些建议。

1. 多元化教学活动

（1）团队协作学习

倡导学生参与小组项目、讨论或辩论，强化合作与互动。明确小组成员职责，以激发个人潜能，促进团队整体表现。

（2）情境角色扮演

设计角色扮演场景，让学生融入不同角色中实践英语对话与交流，从而锤炼其语言运用能力。

（3）实地英语实践

组织学生参与英语角、文化展览、志愿服务等实践活动，使他们在真实环境中运用英语，增强实际交流技能。

2. 多元化教学评价

（1）自我与同伴评价

倡导学生自我审视学习进展，并促进同学间相互评价，通过心得分享、项目展示或书面评价等形式进行。

（2）团队项目评审

借助小组项目，综合评价学生的团队协作与沟通能力。鼓励学生相互提供反馈，并积极参与团队表现的评估流程。

（3）多维度表现评估

超越单一考试成绩，全面考量学生的口头表达与书面创作能力。这涵盖口头报告、演讲展示及写作作业等多个方面。

3. 鼓励反思和改进

引导学生形成反思习惯，回顾学习中的成就与难题。教师应定期与学生交流学习心得，给予指导和反馈，助力学生持续进步。

通过设计富有吸引力的教学活动和课程内容，如融入流行元素、实际案例及互动教学材料，激发学生对学习的浓厚兴趣，使他们更加主动地投入学习之中。

教师采用这些方法，能够营造一个积极的学习氛围，激发学生对学习的兴趣，有效提升他们的语言运用和沟通交流能力，从而确保多维互动教学模式的有效落地与成功运行。

总而言之，借助上述策略，在大学英语教学中能够更为高效地融入多维互动教学模式，进而达成更为卓越的教学成效。此教学模式不仅能够有效激发学生的主动学习热情与创新能力，还极大地促进了他们综合素养与英语能力的全面发展，使之更加契合当代社会的实际需求。鉴于教育与技术发展的日新月异，教学方法亦须与时俱进，紧随学生需求与社会变迁的步伐。多维互动教学模式正是这样一种顺应现代高等教育发展趋势的教学方法，它通过强化学生的综合能力培养，显著提升了他们的竞争力和社会适应能力。因此，在大学英语教育领域积极推广并实施这一教学模式，无疑具有深远的意义，它不仅能够推动教育质量的飞跃，更能为学生的全面发展奠定坚实的基础。

第二章 大学英语教学模式创新

第一节 任务型教学模式创新

一、任务型教学模式分析

任务型教学模式高度重视语言的实际意义和特定学习目的，同时强调语言交际能力和在真实场景中的应用。因此，教师应根据课堂教学的具体目标，精心策划一系列活动，这些活动须巧妙融合课文中的词汇、语法及语言功能，以有效完成教学任务并达成既定的教学目标。

Jane Willis 倡导的任务型教学法强调四大关键原则：促进语言交际、提供真实且有效的语言材料、激发学习者的实际语言运用能力，以及分阶段设定教学侧重点。基于这些原则，她构建了一个三阶段的任务型教学模式框架：①前期任务准备阶段，此阶段旨在引入主题并清晰阐述任务要求；②任务执行环节，它涵盖了任务的具体实施、规划及成果汇报；③语言分析阶段，重点在于对语言形式的深入剖析与练习。这一模式的核心理念是"通过实践来学习"，要求教师在设计任务时，须深刻理解教学需求与语言内容，精心规划活动流程，明确教师与学生的角色定位，选择适宜的活动形式，并预设有效的监控措施。任务活动的实施旨在引导学生带着明确的目标积极参与学习过程，促进师生间及学生间的多向互动，从而有效锻炼各项语言技能，全面提升学生的语言综合运用能力。

任务型教学模式的核心特征体现在以下几个方面：首先是任务的核心地位，它主张课程设计的核心应聚焦于任务的完成，而非单纯的语言技巧传授与灌输。其次，任务设计须紧密围绕学生这一主体展开，强调在教学流程之外精心构思任务，执行教学过程中的任务活动，并据此评估教学效果。教师应站在学生的立场，细致规划教学任务，确保任务量适中，让学生在连续完成任务的过程中体验成就感与喜悦。再次，交际能力的培养被置于至高无上的位置，作为英语学习者不可或缺的语言运用能力，以及学习其他课程和参与社会活动的基石。此模式以提升学生的语言交流能力为出发点，将交流能力视为衡量任务完成情况的关键指标。因此，教师应将课堂的主导权交还给学生，充分激发他们的主观能动性，促使他们积极投身于语言交流之中。通过引导学生参与丰富且有深度的语言交际活动，如辩论等课堂互动，教师在多样化的情境中创设情境，帮助学生在实际应用中掌握英语，实现知识的内化与学习目标的实现。这种教学模式让语言学习变得轻松、愉快且丰富多彩。

二、任务型教学模式下大学英语教学改革的主要内容

（一）转变教学理念，提高教学水平

在大学英语教学领域，我们应避免将语言测试视为终极目标，而应从根本上摒弃那种单纯以测试为导向、仅以提升学习效率为目标的错误观念。相反，我们的核心目标应聚焦于提升学生的综合语言能力。在课堂教学实践中，学生应占据主体地位，促使大学英语

教学模式实现从教师主导到以学生为中心的转变。教师则须转变为引导者和辅助者,其职责不再仅仅是传授知识,而是成为学生实践能力提升的引路人,以及教学质量的有效监控者。为此,教师应积极拥抱现代教育理念,不断创新教学方法,持续提升个人素养,并加强对学生的全面素质教育。大学英语教学的内容与重点也应相应调整,从单纯的语言基础知识传授,逐步过渡到融合语言与文化熏陶,并着重培养学生的语言实际应用能力。

(二)完善课程体系和人才培养方案

课程体系的调整并非孤立地对某一课程或学科进行微调,而是牵动整个教学计划的协同与平衡,要求对教学大纲进行全面审视与修订。在人才培养的蓝图中,这一环节占据着举足轻重的地位。教学管理部门在推进此项工作时,须紧密结合本校的具体实际,将学生现状作为根本出发点。以大学英语教学的革新为例,我们既要稳固语言知识的传授与语言技能的锤炼,也不可忽视将听、说、读、写以及翻译等应用能力训练有机融合的重要性。为此,构建一套全面、科学且与时俱进的考核体系显得尤为关键,它要求我们在调整过程中保持理性与灵活性,汇聚各方智慧与力量,以确保最终实现既定的教学目标。

(三)优化教学方法,调整课堂角色

教学方法的优化,核心在于实现师生课堂角色的深刻转变,即打破传统以教师讲授为中心的教学模式,转而让教师成为学生学习旅程中的导航者和助力者。教师的备课重心应聚焦于如何为学生提供高质量、高效率的学习体验,课堂上则应积极引导学生完成任务,培养他们的使命感和责任感,进而激发他们的自主学习动力,拓宽其知识视野,最终塑造出具备出色语言交际能力的新时代人才。因

此，教师须灵活调整教学策略，以适应不同学生的学习需求。为实现这一目标，我们可以充分利用现代科技手段，如多媒体数字化教学、校园网络教学平台以及手机软件中的选课评教系统等，这些工具能够为学生提供更加丰富、多元的学习资源和互动机会。同时，学生也应在教师的悉心指导下，全力以赴地完成各项学习任务，以高度的责任感和使命感投入到学习中，确保高效学习，从而不断提升自身的语言应用能力。

（四）提高教学质量，注重师资队伍建设

提升教学质量的关键在于充分融合并应用先进的教学手段。当前，教育领域正享受着技术进步的红利，众多教学资源均辅以先进的课件设计，网络资源更是浩瀚无垠。例如网络课程的兴起、多媒体素材的广泛运用，以及微课、慕课等新兴教学模式的普及，这些不仅代表着教学方法与理念的革新，更对提升教学质量产生了深远的影响，是教育现代化进程中的必然需求。作为教师，应持续进行实践与反思，通过问卷调查等方式，主动收集并分析教学效果的反馈，为教学质量的持续改进提供坚实的数据支撑。同时，设立教学质量监控机制，邀请专家参与听课、评课活动，不仅能够激励教师间的良性竞争，促进优秀教师的选拔与晋升，还能通过外部视角为教学提供宝贵建议。此外，构建科学、全面的评价体系至关重要，它要求定期举办多样化的教学活动，并将活动结果及时反馈给学生，以此激发教师的积极性，推动他们不断提升个人专业素养与教学能力。这一系列举措的实施，将有效确保教学质量的稳步提升，为学生的全面发展奠定坚实基础。

简而言之，大学英语改革核心在于推行任务型教学模式下的个性化教学，强化教师课堂引导角色，坚持以学生为中心，实现学习与教学、教学与研究的良性循环，确保教学质量。这不仅能实现改

革目标，还有助于增强学生的语言实践能力和自主学习能力，同时提升教师的专业素养和教学水平。

三、任务型教学模式在大学英语课堂教学中的应用

（一）任务型语言教学在大学英语教学中的核心要求

任务型语言教学的精髓在于模拟真实社会中的语言应用场景。在大学英语教学中，应紧密连接学生日常生活，鼓励学生将英语知识融入实际生活中去实践。此模式凸显了学生作为学习主体的能动性，鼓励学生主动探索、积极构建知识，对于培养创新思维和创造型人才大有裨益。

任务型教学法聚焦于现实情境中的实际问题，通过设定清晰的目标驱动学生进行语言交流活动。它鼓励学生深入真实场景，以完成学习任务为驱动力，掌握那些既真实又富含深意的语言表达。此教学法倡导在教师的引导下，构建以学生为中心的教学环境，同时强调师生间的互动对话与情感交流的重要性。它推崇一种融合了经历、练习、参与、交流及合作的学习范式。在这样的教学流程中，学生积极参与由教师精心策划的任务型学习活动，从而在实践中理解语言、运用语言，并在此过程中发现问题、探索规律、总结知识，最终体验成功的喜悦。因此，以任务为核心，以课程为规划单元的教学方案，被证明是一种高效且实用的任务型语言教学模式。

在任务型语言教学的框架下，教师被定位为引导者，他们通过设计具体且有意义的任务，促进学生语言技能的全面发展。这一模式不仅关注语言知识的直接传授（陈述性知识），更重视学生在实践中应用语言的能力（程序性知识输出与交际），堪称语言学习的

理想途径。此外，该模式以学生为核心，旨在激发学生的综合语言应用能力，包括听、说、读、写，特别是写作技能，以及运用语言解决实际问题的能力。它高度强调语言学习的互动性、情境的真实性以及学习过程的完整性，真正体现了以学生为中心的教学理念。

构建任务型教学模式的核心在于提升学生的语言实际运用能力，鼓励学生广泛地使用英语进行日常交流，从而在实践中领悟语言规律，巩固语言基础，进而掌握语言技巧。为此，教师需要更新教育观念，为学生创造一个充满语言实践机会的环境，让他们在丰富的社交活动中自然而然地运用语言、掌握语言。

（二）任务型语言教学在大学英语教学中的教学途径

古语有云："教师之责，在于传授道理、教授学业、解答疑惑。"然而，这句话所描绘的权威式教学往往过分凸显了教师的中心地位，实质上倾向于一种单向的知识灌输模式。在这种模式下，教师往往过分强调"传授"与"给予"，却忽视了"引导"与"启发"的重要性；同时，过度依赖书本知识，忽视了学生的个体差异与潜能发展。随着英语教学法的不断革新与发展，这种以教师为主导的传统教学方法已难以适应时代的需求。相反，任务型教学法以其独特的优势，在教学实践中逐渐崭露头角，展现出了强大的生命力与广阔的发展前景。

在任务型教学中，教师应积极构建互动交流的课堂氛围，确保每位学生都能全程参与学习。为此，教师须超越传统教学的标准化框架，针对学生的不同水平和个性特点，灵活设计个性化教学策略。通过多样化的教学方法，激发学生的好奇心与学习动力，促进其全面发展。

在大学英语的教学实践中，学生拥有多样化的学习途径可以选择，尤为值得提倡的是，将英语学习与自身所处的周边环境相融合，这样的学习方式不仅能够加深知识记忆，还极大降低了遗忘的可能性。任务型教学模式正是基于这一理念，它紧密联结学生个体的经验背景，强调主观认知对客观事物的重塑，使得学习过程更加贴近学生个人实际。人的学习与成长，本质上是社会互动的产物，离不开与他人的交流对话。因此，在实施任务型教学时，我们应将学习活动嵌入富含意义的情境中，特别是那些能够直接应用所学英语的实际场景，以此促进知识的活学活用。学习，本质上是一个以既有生活经验为基石，通过团队合作与互动，不断探索新知、理解新现象的过程。鉴于此，教师应当致力于构建一个高度仿真的学习环境，精心策划教学任务，确保每位学生都能在学习英语的过程中获得充分的参与感。这样的教学设计旨在最大限度地激发学生的学习热情和兴趣，同时，鼓励他们将所学的英语语言技能融入日常的人际交往中，不仅在语言学习上取得进步，更在人际交往与问题解决能力上实现全面提升。

（三）任务型语言教学在大学英语教学中的特点

任务型语言教学强调真实有效的信息交流与活动，让学生在英语课堂完成任务的过程中自然进行对话，从而促进语言习得。它平衡了语言知识的输入与输出，特别是交际能力的培养，是语言学习的理想模式。此教学法围绕具体任务展开，全面激活学生的听说读写技能。实质上，这标志着英语教学从"以教为主"向"以学为中心"的转变，焦点从教师转移到学生，从语言形式本身转向语言习得者和使用者的实际需求。

英语教学应双管齐下，既传授英语知识与技能，又着力培养学生的自主学习能力。教师须引导学生在学习基础词汇、句型及篇章的同时，自发地锻炼写作技能。语言能力的提升离不开学习与实践的结合，因此，鼓励学生增加语言交流，强化团队协作，是促成语言技能全面发展的关键。

任务型教学在英语教育史中根基深厚，理论与实践并行不悖。针对大学英语课堂，引入任务型教学势必革新教学模式，重塑师生角色与互动。精准把握这一转变，对于任务型教学在大学英语中的有效实施至关重要，亦能推动整体教育模式的进步与革新。

任务型语言教学模式作为高校英语教学的高效工具与新兴教学法，要求教师持续尝试与创新，充分运用此模式，以提升学生的英语应用能力。

四、大学英语任务型教学中任务的设计原则及实施策略

（一）任务设计的原则

任务设计的合理性直接影响课堂教学效果，多位资深教师经过经年累月的实践，提炼出以下关键原则。

1. 语言材料真实性原则

构建的语言环境应贴近日常生活，促使学生能将课堂所学语言与技能灵活应用于实际情境中。

2. 实用性和可操作性原则

课堂任务的核心是辅助教学目标的实现，追求实效而非形式。设计作业时，应避免掉进形式主义的陷阱，确保任务真正促进学习。课堂上，教师应高效利用资源，通过增强互动与沟通，优化教学效果。同时，任务设计须考虑实际操作的可行性，避免烦琐复杂，确保学生能在有限时间内有效参与。此外，任务应紧密围绕教学目标和内容，具备针对性，以提升教学效率。必要时，教师应明确任务

的操作指导，帮助学生更好地完成任务。

3. 任务连贯性原则

任务型教学绝非简单地将一两个孤立活动穿插于课堂之中，亦非无关联事件的随意堆砌。它本质上是一种倡导学生自主学习与深度合作交流的教学模式，其核心在于全面锻炼学生发现问题、提出问题与解决问题的能力。在任务型教学的框架下，教学过程围绕着完成一系列精心设计的任务展开，旨在实现既定的教学目标。这些任务，无论是构成一节课的多个任务，还是单一任务下的多个子任务，均须紧密相连，共享一个统一且明确的教学目标导向，同时在内容上也应相互呼应，形成有机整体。Nunan 提出的"任务依属原则"进一步强调了这一点，他主张课堂任务应以"任务链"或"任务序列"的形式呈现，确保每一项任务都是对前一项的深化与拓展，后一任务紧密依赖于前一任务的成果，从而构建一个层次分明、逐步递进的教学阶梯。这样的设计使得学习者能够在连续且有序的任务挑战中，逐步掌握知识，提升技能，最终顺利达到预期的教学目的。

4. 任务活动趣味性原则

学习动力的核心在于学生的动机与兴趣，它们是推动学生积极参与学习活动的关键要素。任务型教学法凭借其独特优势，即通过设计富含乐趣的课堂互动环节，成功地点燃了学习者的学习热情，促使他们自发地、全身心地投入学习过程。因此，在规划教学任务时，任务的趣味性成为一个至关重要的考量点。这种趣味性不仅根植于任务本身的吸引力，还可以从多维度进行深入挖掘，比如鼓励多人协作、促进多向沟通与交流、在任务执行过程中融入人际交往与情感互动的元素，以及在完成任务后给予学生由成就感引发的兴奋与满足。

（二）任务的设计与实施策略

任务型教学法将学生的主体性置于学习活动的中心舞台，其精髓在于聚焦于外语学习的认知构建与心理语言学发展的历程，旨在为学生铺设一条道路，让他们能在课堂这一方寸之间，通过参与富有意义的实践活动，投身于开放式的语言交际任务之中。任务教学的成效，根本上取决于任务设计的科学性、合理性及其在整个教学流程中的连贯性，以确保最终教学目标的顺利达成。教师应根据具体情境，灵活运用教材资源，并融入多样化的语言展现形式，巧妙设置一系列以问题为导向的学习任务，引导学生步入知识探索的情境，使之在亲身体验中感受语言的多样性、层次性与学习过程的全面性，进而培养起综合的语言运用能力和解决实际问题的语用素养。而这一切的成效，均依赖于教师对课堂教学的精心筹备与灵活驾驭。因此，在设计教学任务时，教师尤须关注以下几方面。

1. 根据学生个体的差异设计难易适度的任务

任务型教学法的核心目标是打破传统课堂中"一刀切"的教学模式，即教师对学生无差别的统一教学。为实现这一目标，任务设计者须全面考虑学习者的实际情况，细致分析影响任务难度的多种因素，并巧妙地将这些因素进行合理搭配。此外，通过运用或提供必要的辅助工具和方法，调整任务难度至适宜水平，以确保教学效果达到最优化。

在教学组织过程中，务必细致考量每位学生的独特状况与需求差异，坚持个性化教学原则，即因材施教。具体实施策略涵盖多个层面：按学生能力水平进行分层，依据内容难易程度定制教学，设定差异化的学习目标，灵活调整教学方法与教学活动以适应不同学生，设计分层练习、作业及评价体系。对于技能较为突出的学生，可设计侧重于交流互动的任务，鼓励其运用语言解决实际问题；而对于学习面临挑战的学生，则适宜采用更为基础、以认知提升为导向的阅读教学策略，旨在逐步增强其阅读理解能力。

在教学过程中，教师应遵循科学的教学顺序，如从"接受知识"逐步过渡到"知识产出"，以及从"预习准备"迈向"实现目标"的递进方式。在团队合作学习时，须确保每位学生积极参与，通过合理分工，激发每位学生的参与热情，让即使是能力稍逊的学生也能在活动中得到充分的锻炼与展示。

2. 分清课型，针对听说读写设计合适的任务

针对不同课型（听、说、读、写），教师应精心设定任务目标，并巧妙地将它们融入各个学习阶段，以促进学生各项技能的均衡发展。以阅读课为例，教师可以巧妙设计"问题引导—文本探索"的控制性阅读策略，让学生带着明确的目的去阅读，避免盲目地吸收与记忆，从而显著提升课堂阅读效率，确保学生的阅读过程富有成效。

3. 课堂内外，设计连续性的学习任务

此原理聚焦于任务间的内在联系及其在课堂上的执行流程，旨在确保教学活动既合乎教学规律，又逻辑严密、条理分明、流畅无阻。课堂上，应构建一条连贯的"任务链"，每个任务都作为前一任务的延伸或基石，层层递进。而课外任务则可作为课堂任务的预热或后续拓展，共同助力学生自主学习能力的持续提升。

4. 根据任务的操作模式，设计操练型和激发型的任务

为了激发学生的学习兴趣并启发他们思考，我们应继续沿用并优化如听写、集体朗读、分组朗读以及集体尝试背诵等传统教学方式。这些经过时间验证的方法，对于帮助学生掌握学习技巧、提升学习效果具有显著作用。通过这些活动，学生能够更深入地理解和

运用所学内容。

5. 任务的设计要注重学生自主学习能力的培养

在教学过程中，应注重对学生学习策略的指导，并将其融入课程内容之中。同时，鼓励学生参与各类与英语相关的课外活动，如英语角交流、制作英语手抄报、表演英语短剧、收听英语广播以及观看英文影视作品，以丰富学习体验，提升英语能力。

简而言之，教师在设计与实施任务型教学时，须遵循语言与课堂教学的内在规律，全面理解并精准把握，持续实践并优化教学策略。教师应针对实际情况深入分析，打造出独具特色、以任务型教学为核心，并灵活融合其他教学方法的课堂教学模式。

"任务教学法"强调教师引导、学生主体的教学理念，推崇的体验式、实践性、参与性、交流性和合作性学习方式，逐渐彰显出其卓越的教学成效。这一模式与新《大学英语课程要求》不谋而合，该要求明确指出，大学英语教育的核心目标是培育学生的英语综合应用能力，特别是听说技能，确保他们在职场和社会交往中能流利进行口头与书面交流，同时增强其自主学习能力，提升综合素养，以适应我国社会发展与国际交流的广泛需求。

第二节 模块化教学模式创新

一、模块化教学模式概述

（一）基本概念

"模块"这一术语，最初源自航天领域，意指可从主体中分离、专用于特定任务的航天器组件，或是构成大型结构体时不可或缺、独立又可互换的部件。在教育语境下，它则被赋予了新的意义——

即某一学科内可被独立学习和掌握的知识单元。模块化教学的理念便根植于这样的模块化思维之上，它将学科知识细致地拆分为一系列独立的知识点，随后依据这些知识点间的内在逻辑关联，重新组织成若干既独立又相互联系的单元。接着，基于多样化的教学需求，这些单元被灵活组合成教学模块，通过增减单元、调整模块间的组合模式等手段，实现对教学内容的灵活更新与适应性调整。模块化教学的核心在于，它首先明确教育目标，随后根据目标精准界定教学内容，进而实施模块的合理划分。这一过程体现了高度的针对性与灵活性，确保教学活动能够紧密围绕培养目标展开。

（二）教学理论

模块化教学深深植根于多元智力理论、建构主义学习评价理念以及系统整体观的土壤之中。

多元智力理论揭示了人类认知世界的多元路径，涵盖了语言、数理逻辑、视觉空间、身体运动、音乐、人际交往与自我认知等七大智力维度。这一理论强调，个体间在学习上倾向使用的智力路径各不相同，从而导致了知识表达与学习方式的多样化。因此，在教学过程中，我们必须正视并尊重学生的个性差异。传统上，单一的教学评价方式往往难以全面评估学生的学习成效，其局限性显而易见。为了克服这一弊端，我们鼓励学生主动参与到学习评价中来，同时倡导教师采用多元化的评价手段和方法，以更加精准地衡量不同学生的学习表现。通过这样的评价方式，我们不仅能够更好地发挥评价的诊断与激励功能，还能有效促进学生分析、思考与解决问题能力的提升，最终帮助每位学生发挥其独特优势。

建构主义理论的核心在于强调知识的构建过程，它倡导通过社会性的互动来促进学习，主张学习应当在复杂而真实的任务环境中进行。在这一过程中，学生应被置于教学的中心地位。对于学习评价，建构主义持有独到的见解，它认为评价应紧密跟随并动态反映学习者在学习过程中的进步轨迹，同时考量教师采用的教学策略及创设的学习环境对学习效果的影响。评价的目的不在于简单地证明学习成果，而是致力于发现不足，促进改进，它是一个为教育决策提供有价值信息的过程。在建构主义视角下，学习评价聚焦于学生个人如何构建并赋予外部世界以意义，以及这些构建如何具备概念性的功能。

模块化教学的根基同样深深扎根于系统论的整体观念之中，这一观念源自美国学者贝塔朗菲的"系统论"，其核心思想是"整体的功能超越了其各个部分功能之和"，即整体优化理论。自20世纪90年代以来，模块化教学凭借其综合性与独立性、个性化与灵活性的显著优势，迅速在多个学科领域内风靡开来，尤其是在高校英语教学中得到了广泛应用。在系统理论的指引下，大学英语课程被精心划分为"知识模块""技能模块"及"外延模块"三大板块，并进行了深入系统的剖析。其中，知识模块涵盖了语音、词汇、语法等基础要素；技能模块则聚焦于听力、口语、阅读、写作及翻译等实用技能的培养；而外延模块则通过选修课及丰富多彩的第二课堂活动，进一步拓宽学生的英语学习视野。通过实施模块化教学法，教师能够更有效地助力学生获得超越简单知识堆砌的教学成效，实现个人英语学习成绩的飞跃式提升，并最终达成英语综合应用能力的全面增强。

（三）教学思想

我们应当以人为本，将学生置于教育的核心位置，尊重他们独特的个性发展及语言学习的自然规律，以此激发学生的创造力，促进其个性全面成长。

（四）教学理念

为了增强语言学习的实用性，我们致力于为学生构建一个贴近第二语言习得的真实环境。针对每位学生的独特性，我们量身定制教学目标，精心挑选适配教材，并灵活运用多样化的教学方法。在此过程中，我们格外注重学生的个性特征，为他们搭建一个鼓励独立思考与个性成长的平台。通过充分调动学生的学习积极性和主动性，激发他们的学习兴趣，我们努力营造出一种积极向上的英语课堂氛围。在这样的环境下，学生能够根据个人发展需求进行高效学习，从而最大化地提升教学效果。

（五）教学目标

"模块化教学"的核心导向是"学生主体性"与"能力导向性"并重。鉴于学生来自不同家庭背景，其成长环境、教育经历、性格特质、学习及接收新知识的能力均存在显著差异，这些差异也影响着他们对未来职业道路的憧憬与要求。因此，在大学英语课程开设之初，教师的首要任务是深入了解每位学生的具体需求，进行细致的分类与分析。基于这样的了解，教师可更加精准地制定教学策略，确保每位学生都能在适合自己的舞台上实现自我提升与发展，同时树立正确的价值观与学习观念，从而共同实现高等教育的整体培养目标。

教师应针对不同课堂及教学目标，全面锻炼学生的听、说、读、写、译等语言技能，并着重提升学生的综合语言能力和实际应用能力，以契合我国经济发展和国际交流的需求。

（六）操作程序

实施模块化教学的首要任务是清晰界定教学内容与培养目标，

随后依据这些目标将课程细化为多个模块,以实现多样化的教学目的。

在大学英语教学的实践中,我们首要遵循的是"通识教育"的核心理念;同时,在教材内容的甄选上,我们尤为注重促进学生语言应用能力的增强与人文素养的提升。教材内容力求以优质语料为典范,构建系统化的知识框架,并融入生动活泼的元素以激发学生的学习兴趣。进一步地,在课程内容设计上,我们既保持了对专门化、工业化等领域知识的适度倾斜,又兼顾了学习阶段的差异性,实施分阶段教学。具体而言,在第一、二学期,我们采取每周四课时的密集安排,全面夯实学生的英语基础,强化其语言基本功及基本应用能力;进入第三学期,则专注于提升学生的英语听力、口语交流、阅读理解、写作表达及翻译等专项技能,每周安排两课时进行专项训练;而到了第四学期,则引入模块化教学模式,专注于工业英语等专门化课程,旨在增强学生的行业英语应用能力。此外,本课程还充分考虑到不同教学部门及专业的实际需求,灵活选用多样化的大学英语教材,包括但不限于英语口语、实用英语写作、实用英语翻译、商务英语、旅游英语、饭店管理英语、秘书英语、法律英语、物流英语及中草药英语等,以确保大学英语模块化教学的精准对接与高度实用性。

此外,每个模块须紧密围绕明确的培养目标,融合专业知识,构建起一个连贯的"学习路径"或"知识生态圈",旨在为学生步入社会奠定坚实的基础。

(七)主要特点

1. 克服了传统教学模式的弊端

大学英语模块化教学策略显著地规避了传统教育模式下的僵化问题,如学期内一成不变的教学时长与教材内容的单一性;以及考核方式上单调划一的期中、期末考试与评价标准,这种静态、单向的评判方式限制了教学的活力。相比之下,模块化教学以其灵活性,极大地激发了师生双方的好奇心、学习热情和动力。特别是通过引入自评与互评这一创新评价体系,不仅促进了学生对自身学习过程的深刻反思,也促使教师不断优化教学策略,双方共同构建教学元认知策略,实现了真正意义上的教学相长与共同进步。

2. 教师能高效组织教学活动

大学英语的学习与考核通常集中在一个学期内完成,这就要求英语课程设计须紧凑高效,促使学生迅速实现目标,收获成就感,并在有限时间内体验成功的信心。

3. 定制化学习体验

模块化教学为学生个性化成长提供了广阔空间。相比传统教材,短小精悍、灵活多变且相互衔接的模块课程更具魅力,学生能够根据自己的兴趣、偏好及需求,自主选择适合的学习模块。

4. 立体化的课堂评价体系

一个多维度的课堂评价体系能够有效促进众多学生积累成功学习的宝贵经验,这不仅在心理层面给予他们正向激励,还极大地推动了他们在学习方法和能力上的全面进步与发展。通过这种评价体系,我们能够营造出一种积极向上、乐于探索的学习氛围,进而提升大学英语课堂的教学质量与效率。最终,大学英语教育将成为推动我国社会健康、快速发展的强大动力。

二、实施大学英语模块化教学模式的必要性

(一)社会背景

随着高校英语教学日益成为社会各界关注的焦点,其发展既迎

来了前所未有的机遇,也面临着空前的挑战与压力。一方面,社会各界对大学英语教育的重视程度与日俱增,对学生英语应用能力的培养提出了更高要求,期望值不断攀升;另一方面,部分学生在四、六级考试中虽成绩斐然,但在实际运用中,如阅读英文原著、进行跨文化交际及满足社会实际需求等方面却显得力不从心,这一反差现象愈发凸显。鉴于此,英语教育界开始深刻反思,聚焦大学英语教学中的问题,广泛探讨解决之道。一时间,"为何大学英语难以达到沸点,仅停留于温吞状态"的深刻拷问,引发了广泛热议与深入探索,力求寻找突破瓶颈、提升教学实效性的新路径。

当前,我国英语教学面临着一个困境:投入时间长,但成效却不尽如人意,尤其是在大学英语教学中,这一现象尤为突出,令众多英语教师深感迷茫。为了破解这一难题,我们需要探索一条更为科学、系统化的教学路径,旨在提升英语教学质量,实现教学效率的飞跃。正是基于这样的思考,我们踏上了大学英语模块化教学模式的研究与实践之旅。

(二)学生的外显能力需求

随着我国经济的蓬勃发展和国际交流的深化,以及国际经贸融合的加速,仅凭英语四、六级证书已难以满足就业市场的多元化需求,更无法契合社会对英语实际应用能力不断提升的新期待。换言之,在培养学生英语实战能力方面,当前的英语教学效果尚存不足,有待进一步优化。

一个显著的问题是,学生的英语听力技能薄弱,且口语表达能力不足。尽管他们从小学起便踏上了英语学习的征途,历经数年乃至十数年的学习,直至步入职场,但在与外籍人士交流时,却常感困惑不解,难以捕捉对方言语中的真正含义,更遑论进行顺畅的基本对话,从而不幸沦为"听力障碍型英语"与"表达障碍型英语"

的牺牲品。深入分析此现象背后的原因，我们不难发现，大学英语教育是一个多维度、多层次的综合性体系，它涵盖了课程设计、教材选用、教学方法、教学手段的革新、教学管理机制的完善以及评估测试等多个关键环节。然而，传统的教学模式往往过分凸显了教师在传授过程中的主导地位，却在一定程度上忽视了对学生自主学习能力和创新思维的培养，这无疑是上述问题的核心所在。在传统英语课堂上，教师常采用"填鸭式"教学，专注于词汇的逐一讲解和句子的直译，而学生则处于被动接受的状态，他们感到学习枯燥乏味，缺乏参与感。课后，学生的主要活动也仅限于背诵单词、完成翻译练习或是为了应试而做模拟题，鲜少主动寻求语言实践的机会。加之口语测试环节的缺失，学生缺乏动力去创造真实的语言交流环境，自然难以有效提升听说能力。因此，依赖这种陈旧的教学模式，学生的英语听力与口语水平难以得到实质性的提升。在当今大学生求职竞争日益白热化的背景下，那些能直接彰显个人实际工作效能的外在展现力变得前所未有的重要。其中，英语的实际应用能力，特别是口头交流能力，成了衡量这些外在展现力中最为关键的一环。换言之，能说一口流利的英语，无疑将成为在职场竞争中脱颖而出的有力武器。即便是来自普通学校的学生，只要他们在英语方面展现出高超的水平，便有可能在求职大战中超越来自名校的对手，率先获得青睐。因此，强化学生的这种外在展示能力，对于提升整个教育体系的教学成效具有举足轻重的地位。

（三）学生的内在需求

自2002年起，我国教育部在全国范围内积极推行了一系列旨在深化高校英语课程改革的举措。在此背景下，众多高校纷纷响应，实施了英语分层教学的新模式，即依据大学新生入学时的英语水平，科学划分为快、中、慢三个层次，并据此定制差异化的英语教学方案。分阶段教学法，作为适应英语基础学习阶段学生特性的教学策略，在实践中取得了显著成效，然而，它尚不足以触及并彻底解决英语学习过程中深层次的挑战与难题。在快、中、慢三个层次的教学实践中，尤其是处于快、中班的学生群体，由于他们在英语学习的不同维度上拥有不同的需求与期望，这些学生更倾向于根据个人兴趣及未来职业规划，在英语学习的特定领域内发展专长。鉴于此，为了更有效地推动高校英语课程改革的深入发展，我们应当在现有英语分级的基础上，进一步引入模块化教学模式，从而为学生提供更加灵活多样、广阔无垠的英语学习平台，使他们能够根据自己的兴趣导向与职业目标，自主选择并深入学习英语的不同模块，从而全面提升英语综合应用能力。

（四）提高大学英语教学效果的必然需求

在过往的英语教学体系中，对学生的英语技能——听、说、读、写、译等，均设定了综合性的要求，但这些要求往往趋向于全面均衡，缺乏针对特定技能的深度聚焦，难以满足学生提升某一技能的需求。鉴于此，提升大学英语教学质量成为教育领域亟待解决的关键议题。模块化教学模式的引入，则为这一难题提供了有效解决路径。通过模块化教学，学生拥有了更广泛的选择自主权，能够基于自身的英语水平及兴趣偏好，灵活选择并深入学习特定的模块。

这种方式鼓励学生聚焦于自我提升的关键领域，无论是强化口语交流、深化阅读理解，还是精进写作翻译等，都能通过系统化的学习路径实现预期目标。这一过程不仅促进了学生从被动接受知识向主动寻求学习的转变，即从"被要求学"转变为"主动想学"，还极大地激发了学生对英语学科的好奇心和探索欲，进一步提升了他们的学习动力和积极性。

目前，我国高校的非英语专业英语课程普遍缺乏灵活性，往往拘泥于教材和既定课程框架，忽视了学生未来职业生涯中实际的语言需求。具体而言，不同专业的学生在英语技能上各有侧重，如工科学生更须强化英语阅读，而文科生则倾向于提升英语听力。同时，不同职业和岗位对英语能力的要求也千差万别，科研岗位强调翻译与写作能力，而销售岗位则看重口语交流能力。因此，实施英语模块化教学成为了一种高效策略，它能根据学生未来"用"英语的实际需求来定制"教"的内容，从而增强学生的英语应用能力，为他们步入社会奠定坚实的基础。

在英语模块化教学的探索中，理论界对于其架构的理解呈现多元化趋势。部分学者倾向于将其细化为知识、技能与扩展三大模块，并在每一大模块下进一步拆解为多个具体子模块；另有观点主张直接将英语课程划分为听、说、读、写四大核心模块；还有实践者提出快、慢班分层结合的两阶段模式。而作者主张，为优化教学结构并紧密对接就业市场需求，应采纳"基础模块奠基＋提升模块深化＋专业模块定向"的教学模式。这意味着，教学应始于为学生打下坚实的英语基础，随后针对听、说、读、写、译等技能逐一加强训练，最终依据学生的专业背景，开展具有针对性的专业英语教育。同时，各高等院校应基于自身实际情况，灵活调整课时安排、学分设置及教学内容，通过多元化的教学手段如课堂教学、在线学习、学生自主学习及选修课程等，构建一个全面而科学的评价体系。在此基础上，不断探索与创新，走出一条既符合教育规律又彰显院校特色的模块化英语教学新路径。

三、大学英语模块化教学改革与创新的意义

随着英语能力标准的持续提升，传统固化的教育模式已难以契合新时代的教育目标，因此，"个性化教学，分类精细化指导"的

教育策略势必成为教育发展的主流方向。模块化教学模式的引入，正是为了实现教学手段的多样化和个性化，它旨在充分挖掘并激发学生的内在潜能，践行"识别差异，进而缩小乃至消除差异"的教育理念。该模式以详尽的需求分析为基石，融合建构主义学习理论，为大学英语教学量身打造，既能有效贴合教学实际需求，又能彰显教师的独特教学风格，同时极大地促进了学生自主学习能力的提升。

大学英语模块化教学作为对当前教育改革浪潮的积极响应与探索，其"模块化"的构建方式深刻触动了教学方法、学习策略、教育制度及管理体系的全面革新。它不仅强化了"模块化"教学理念本身，更在此基础上实现了对其的超越，完美融合了"分层优化""分类指导""因材施教"及"整体推进"的先进教育理念。这一模式鼓励学生依据自身的学习能力和偏好，积极主动地探索知识，显著提升了学习成效。随着该模式的持续优化与演进，教学与课程之间将构建起更为紧密和谐的互动生态，持续推动英语教育领域的向前发展。同时，模块化教学的实施，为解决学生英语学习中长期存在的僵化难题开辟了新的路径，它促使教师摆脱传统课堂的束缚，创新教学方式，进而激发学生的学习热情与内在动力。学生在课堂上的专注度与课后的自主学习积极性均得到提升，他们的英语综合能力——听、说、读、写、译等方面，也因此获得了全面的飞跃。

（一）有利于因材施教

"因材施教"这一教育理念，其核心在于教学实施过程中，深刻洞察并尊重每位学生的独特性与个体差异，进而采取差异化的教学策略以满足学生的个性化学习需求。现行的班集体授课模式，尽管作为教育的基本组织形式具有其必要性，但往往因难以兼顾每位学生的具体情况而限制了教师个性化教学的深度。因此，"因材施教"强调根据学生的学习基础、能力水平等因素，灵活调整教学方法与难度，这不仅是对学生多样性的认可与尊重，更是对每位学生个性发展的积极促进。它倡导对所有学生一视同仁，不论其背景或能力如何，均能在最适合自己的学习环境与氛围中茁壮成长。

（二）有利于促进学生的个性发展

分模块教学策略旨在针对不同层次的学生群体，量身定制贴合其实际水平的教学目标与内容，并精心挑选适宜的教材与教学方法。在这一过程中，该模式尤为强调个性化教学与自主学习的双重价值，鼓励学生时刻保持对自身学习进度的清醒认知，进而依据个人情况灵活选择学习材料，以此达到最佳学习成效与真正意义的成长进步。分模块教学将学生视为教育活动的中心，通过细致入微的差异化教学，不仅促进了学生的自主学习能力，还极大地助力了其个性发展。此外，该模式还融入了个性化的竞赛机制，有效激发了学生的学习动力与兴趣，营造了一个积极向上、充满活力的英语学习环境，让学生在这样的氛围中得以充分发挥潜能，实现个人综合素质的全面提升。

（三）有利于优化教学资源和提高教师教学积极性

在这一创新的模块化教学框架下，学校能够依据多样化的教学目标，对教师资源进行科学合理调配，为每位教师提供更广阔的成长舞台，同时也为学生铺设了通往更高质量教育资源的道路。这种分领域的教学模式不仅点燃了教师的教学热情，还促使他们更加注重备课的精准性，深入了解每位学生的能力层次，从而能够站在全局视角，灵活施教，真正实现因材施教。此举不仅显著提升了教学效率，还往往能取得超出预期的教学效果。此外，模块化教学的实施还加深了教师对各层次学生的关注，为构建更加和谐融洽的师生关系奠定了坚实基础。

第三节　多模态英语教学模式创新

一、大学英语多模态课堂教学理论基础

（一）哲学基础

1. 主体间性哲学观与间性理论

在19世纪末至20世纪初的历史转折点上，西方哲学界经历了一场深刻变革，其焦点逐渐由传统的主体性哲学转向了现代语言哲学，这一转变在某种意义上标志着哲学探索从单一主体视角迈向了主体间性的广阔天地。"间"字，蕴含着"介于二者之间"的深刻意蕴，从本体论的维度剖析，它深刻揭示了主体与客体之间相互依存、共生共荣的存在模式——即任何主体或客体均无法孤立存在，它们的生命力恰恰源自彼此间的互动与影响。"间性"这一概念，最初萌芽于生物学的探索之旅，随后在神经心理学、认知科学等科学领域逐步拓展，并因其在揭示事物间复杂关系方面的独特价值而备受瞩目。随着研究的深入，间性理念逐渐跨越自然科学界限，渗透至哲学、美学、文学、艺术、教育等人文社科领域，催生了一种新的理论共识。间性，简而言之，就是普遍存在于万物之间的关系与联结，它超越了单一维度的界限，构建了一个多元共生的思想框架。主体间性理论，作为间性理论在哲学领域的核心体现，是20世纪西方哲学的重要组成部分。这一理论是对传统主体性哲学及主客二分思维的深刻反思与超越，它强调主体与客体之间不再是简单的对立或分离，而是共存共荣、相互尊重的平等关系。主体间性理

论鼓励不同主体之间的对话交流、相互作用与持续融合，这一过程充满了动态变化与无限可能。尽管主体间性理论视角在当代哲学领域中被视为一个深邃而复杂的议题，伴随着其固有的不足与限制，它已然成为跨学科探索的交会桥梁，激发了一系列以主体间性哲学为基石的新兴理论视角的涌现，诸如媒体间性、语言间性、文化间性、文本间性等。这些间性理论不仅为美学、文学、文化学、社会学等多学科研究构筑了坚实的哲学支撑，还为英语教育研究领域开辟了前所未有的新路径。除了主体间性核心概念及其蕴含的"相互渗透、彼此依存"的深刻哲学意蕴外，学界还广泛聚焦于媒体间性、语言间性、文化间性、文本间性等衍生概念，它们各自在特定领域内展现了间性理论的丰富内涵与广泛应用，共同构成了跨学科研究中的重要议题。

媒体间性，或称媒体相互性，是指在现代传媒环境中，各类媒体之间所展现出的紧密关联与相互作用。这种关联不仅体现在信息内容的交织共享上，还深入到技术形式的相互融合、整合、转换与持续演进之中，其基础则深深根植于社会间性的广阔土壤。每一种媒体都是独特个性与普遍共性的结合体，而媒体间性正是那座连接媒体共性与其各自独特性的桥梁，促进了媒介生态的多样与统一。新媒体的兴起，尤为显著地增强了师生间、学生间的主体间性体验。其多向传播的特性打破了传统媒体的单向壁垒，使得信息交流更加自由与开放；而互动性的提升，则进一步加速了主体间性构建的进程，促进了不同主体间更深层次的理解、共鸣与合作。

语言间性描述的是语言在发挥其指称、意动及互动功能时，所展现出的某种不和谐或不协调状态。这实质上是一种交际过程中客观存在且不容忽视的空间壁垒，源于语言本身所具有的差异性。这种差异导致语言使用者在理解和表达上难免出现波动，这种波动正是语言二元性质（既开放又封闭）的体现。鉴于语言意义的灵活多变，语用者之间的交流更像是一场探索性的对话，充满了各种可能性。在二语习得领域，中介语作为语言主体间性的一个显著体现，指的是第二语言学习者在学习过程中逐渐构建起来的一种独特语言系统。这一系统既不完全等同于其母语，也尚未达到目标语言的完整状态，它在语音、词汇、语法及语用等多个层面上都呈现出一种过渡性的特征。中介语是一个动态发展的体系，随着学习者的不断努力和实践，它逐渐逼近目标语言，成为连接母语与目标语之间的桥梁。

文化间性，亦可称为跨文化性，是间性思维模式在文化学领域中的具体运用与延伸。从某种视角来看，文化间性实则是西方哲学中主体间性理论在文化层面的深刻映射，它聚焦于来自不同文化背景的主体之间，以及他们各自所创造的文本之间的对话与互动。这种对话关系不仅彰显了文化的多元共存与和谐共生，还促进了文化间的交流互鉴与意义共创。在大学英语教学实践中，深入探索文化间性，对于促进线上环境下的跨文化交流能力，具有不可忽视的积极作用。

文本间性，亦称互文性，描述的是两个或多个文本之间错综复杂、相互交织的关系。在语篇的构建过程中，各类文本素材如同织网般相互穿插，一个文本的内容、风格乃至意义在与其他文本的对话和碰撞中得以丰富与深化。文本间性正是这样一种桥梁，它将不同类型、不同来源的文本紧密相连，使得整体内容更加和谐统一，易于理解。在大学英语教学中，文本间性的运用有助于强化英语与其学习者母语文化之间的纽带，促使教学活动超越单一文本的局限。

在深入剖析大学英语课程的本质特征及其教学系统的四大核心要素后，我们得出结论：主体间性、媒体间性、语言间性、文化间性、文本间性等多元化的理论视角，为探究和优化大学英语教学模式提供了坚实的哲学支撑和深刻的思考框架。

在现代英语教育体系中，教育技术与大学英语课程的深度融合，生动展现了间性理论作为核心哲学指导思想的不可或缺性。在这一过程中，教师、学生、教学内容与教学媒体四大核心要素并非孤立存在，而是通过复杂而紧密的联系与互动，共同构建了一个动态平衡、相辅相成的生态系统。随着互联网的迅猛发展，现代教育媒体的角色日益凸显，它不仅革新了传统教学模式，更深刻影响了教师、学生、内容及三者间关系的重塑，极大地促进了系统内信息流动与转换的效率，为英语教育带来了前所未有的活力与变革。

首先，从教师角度出发，教学媒体是其在规划与实施教学活动时不可或缺的关键工具。恰当运用媒体，能有效减轻教师的工作负担，使他们有更多时间与学生进行深层次的互动交流。而对于学生而言，媒体则成为探索知识、拓宽视野、增进学识与见识的得力助手，同时也是促进同伴间沟通与交流的重要桥梁。它在帮助学生高效获取知识、促进认知能力发展及提升认知水平方面，发挥着举足轻重的作用。其次，在多媒体教学的背景下，教师与学生均须具备一定的媒介素养，但这一素养的发展水平却存在显著的不均衡现象。随着信息化浪潮的持续推进，学生的信息获取与处理能力往往超越年长的教师，他们在新技术应用上的活跃表现，不仅在教学活动中扮演了重要角色，还对传统的教学主体结构与模式产生了深远影响。再者，新媒体环境的崛起，显著推动了教学内容的资源化进程。传统的纸质教科书已逐渐演变为集多种媒介形式于一体的立体教学资源库。教学内容因此变得更加丰富多元、触手可及，其展现形式也紧跟时代步伐，向着数字化、多元化的方向迈进。

2.间性理论指导下的多模态课堂教学原则

（1）基于主体间性的交互性教学原则

秉持主体间性的语言与教学观念，对于恢复英语教育最本真的面貌至关重要。这一理论带来的全新哲学视角和方法论指导，深刻而积极地塑造了英语教学的目标、流程及师生关系的构建。在大学英语教学实践中，教师与学生构成教学活动的核心参与者，课程与教材则是知识传递的主要媒介，整个教学过程围绕着"教师—教学内容—学生"这一互动链条展开。主体间性的核心在于主体间的相互作用与影响，而我国高校英语教学中广泛采纳的"教师主导—学生主体"教学模式，正是这一理念的具体实践。它不仅强调了"主导"与"主体"间的主观能动性，还凸显了在文化交流背景下的人文关怀与尊重。值得注意的是，主体间性并不排斥人的主观能动性，反而以其为基石，鼓励在尊重个体差异的基础上，促进师生间、生生间的有效互动。对于英语教学而言，主体间性理论的启示在于：教学过程中，应高度重视主体间性的互动价值，即鼓励学生与教师、学生与学生之间的积极交流与反馈；同时，也须充分关注学生的个性化需求与差异，因材施教。

（2）基于媒体间性的多模态教学原则

媒体间性的深入探索，为优化课堂教学媒介选用及教学模式创新提供了宝贵的洞见。这一概念并非横空出世，而是伴随着新媒体时代的崛起与传媒融合趋势的深化而逐渐显现。媒体间性可从三个维度加以理解：首先是多元媒介的整合与协同工作，即我们通常所说的多媒体环境；其次是多模态交际的兴起，它强调信息交流的多样性与丰富性；最后是媒介间的深度融合与相互依存，构建了媒介生态的新格局。因此，多媒体应用、多模态交流以及超文本特性，均被视为媒体间性的显著表现。这些媒体间性的特征，不仅重新定义了阅读的本质与评价标准，更深刻地影响了教育领域的观念革新、手段升级与方式转变。新媒体技术的蓬勃发展，为学生打造了一个全方位、立体化、数字化的学习空间，这个空间以学习为核心，无处不在，极大地激发了课堂的活力，丰富了学习的内涵，拓宽了人际交往的边界，共同营造了一个充满活力与多样性的学习生态与文化氛围。

多模态化不仅是教育媒介展现的多元面貌，也是教育实践中互动原则与跨文化理念深度融合的生动实践。这一趋势为英语教学注入了新鲜血液，通过引入多样化的教学素材，极大地丰富了语言表达的手段，促使教师角色向多元化方向转变，并加速了教学资源的数字化进程。因此，作为教师，我们应当紧跟时代步伐，勇于在多媒体与多模态教学的广阔天地中不懈探索与创新。

在全球经济一体化、信息交流高度便捷、文化多元共存及语言多样性日益显著的背景下，新兴交际媒体正以前所未有的速度蓬勃发展，这促使我们传统的语言运用方式悄然发生变化。面对生活、学习及工作中日益增长的数字化需求，学生亟须掌握多模态沟通技巧，学会利用多媒体技术高效地搜集与分析信息。同时，他们还须灵活运用故事叙述、报告撰写等多种文体，以及书面、视觉、口头表达、色彩搭配等多种模态，来开展富有成效的数字化学习与交流。多模态化已成为数字化英语教学的一大亮点，推动着大学英语教学向更加数字化、多模态化的方向转型。

（二）教育学、心理学理论基础

1.大学英语教学研究的学科定位

英语教学实践的反复验证揭示了语言教育本质上是一个多维度、立体化的体系，其深远影响超越了单纯的语言层面，紧密关联着教育学、心理学以及社会学等多领域的要素。这一体系广泛涉及教材编选、师资配置、学生特性、教学目标设定、教学组织与管理等多个层面，其复杂性和广泛性远远超出了语言学本身的框架。因此，将英语教育单纯地归类于应用语言学是片面且不恰当的，它更应被纳入教育学的广阔领域之中。在教育学的大背景下审视英语教学，我们应以实际教学活动为基石，聚焦于教学过程中的语言运用，从而凸显其作为独立学科体系的独特价值。从教育语言学的理论视角出发，对大学英语教育进行深入研究，不仅在理论上能够构建更为完善的框架，也在实践中为教学提供了更为科学合理的指导。在探索英语教学的教育语言学属性时，我们的研究聚焦于从教育学领域挖掘理论支撑，特别是那些与教育学深度融合的交叉学科理论，如教育学基础、心理学原理、课程与教学论的精髓，以及教育心理学、教育生态学、英语教育技术学等新兴交叉学科的智慧结晶。

2. 认知负荷理论

认知负荷理论指出，人类的知识是通过认知图式来组织并存储的，这一过程显著减轻了工作记忆的负担。新信息需要在工作记忆区域进行加工处理，以构建新的图式，随后通过多次成功的实践应用，这些图式会逐渐自动化，减轻提升认知的需求。该理论尤为关注信息在工作记忆区内处理的流畅性，认为这是衡量认知负荷的关键。基于认知负载的视角，教师在教学过程中的首要职责是协助学生构建并巩固长时记忆。长时记忆中的知识以图式形式储存，这些图式作为知识结构的基石，扮演着核心管理者的角色。当学生面对新教材或新知识时，如果能够通过持续的阅读和学习，在脑海中逐步构建起知识框架，进而掌握整个知识体系的大致脉络，那么他们就能利用这一知识框架来指导后续的学习。反之，若学生无法获得有效组织学习材料的知识框架，他们可能会采取更为随意和零散的学习方式。

认知负荷是一个多维度的概念，它衡量了学生在执行学习任务时所需承受的心理压力与负担。影响这一负担水平的几个关键因素包括：学习任务固有的复杂性（即内隐认知负荷）、任务呈现方式的效率（即外显认知负荷），以及学生主动投入知识图式构建与自动化处理过程中的认知资源量（即关联认知负荷）。在大学英语教学实践中，外显认知负荷对学生造成困扰的程度往往取决于内隐认知负荷的高低。若内隐负荷较重，则须尽量减少外显负荷以平衡总体认知需求；反之，若内隐负荷相对较低，即便教学设计不当导致较高的外显负荷，也不一定会产生负面影响，因为此时总体认知负荷仍可能保持在工作记忆的处理能力之内。进一步而言，当内隐与外显认知负荷的总和之下仍有剩余的认知处理容量时，教师应积极引导学生将这部分额外的认知能力投入到学习中，特别是促进图式的构建与自动化过程，以优化学习效果。

3.学习理论

现代科学日益显现出跨学科融合的特点，其中教育心理学作为教育学与心理学的交集，其核心——学习理论研究，对于指导大学英语的教学与研究具有举足轻重的意义。

自20世纪以来，学习机制的研究经历了从行为主义、认知主义到建构主义、社会建构主义及联通主义等多种理论流派的演变。这期间，主流学习观念几经更迭，从行为主义强调的知识习得，到建构主义的知识自我建构，再到社会建构主义强调的社会参与或协商。这些理论，尤其是行为主义、认知主义和建构主义，为大学英语教学的全面研究奠定了坚实的基础。

行为主义学习理论视学习为"刺激—反应"的连锁反应。在指导语言学习时，它着重于语言技能的训练，认为语言学习是通过反复"刺激—反应"的机械练习来形成习惯，侧重于语言知识的直接传授，旨在帮助学习者建立稳固的语言使用习惯。即便在计算机网络大力辅助大学英语教学的当下，行为主义学习理论仍在特定学习阶段，尤其是语言技能强化训练中，保持着其积极的影响力。

在当今新媒体盛行的教育环境构建中，一个常见的误区是将技术置于舞台中央，却不经意间边缘化了学习者的主体地位。这种技术导向的设计思路，往往聚焦于技术本身的功能与潜力，视其为教学辅助的利器，却忽略了教育的本质——促进学习。多媒体学习认知理论则适时地提出了以学习者为核心的设计理念，它倡导将焦点转向学习者大脑的认知过程，优先考虑如何优化学习与记忆的效果。在此框架下，技术不再是主导，而是化身为辅助学习的得力助手，其终极目标是借助技术的力量，有效提升学习的效率与质量。

4. 英语教育技术学

教育技术学，作为一门探索如何创新性地应用新技术、新手段和新方法于教学实践中，以实现教学优化的学科，其核心在于方法论的研究。在我国，它已独立成科，成为教育领域不可或缺的一部分。随着信息技术与课程整合研究的深入，大学英语教学领域正经历着教育信息化带来的范式变革，这正如库恩的范式理论所述，标志着新学科方向的诞生。对于英语教育技术学这一新兴学科而言，其构建尚处于初级阶段，面临着诸多理论层面的挑战与探索。我们需要不断深耕细作，以该学科的理论研究成果为基石，勇于尝试并探索大学英语课程与教育技术深度融合的新路径、新策略与新环境。通过实践的不断检验与反馈，我们旨在进一步丰富和完善英语教育技术学的学科体系。

（三）语言学理论基础

1. 中介语理论

中介语理论根植于认知心理学的土壤之中，而石化现象作为外语学习过程中的一个普遍心理现象,其存在并不取决于语言形式的正确性。换言之,无论学习者的语言输出是准确无误还是存在偏差,都可能遭遇石化现象。这一现象的成因错综复杂,既根植于英语学习所处的特定社会文化背景,也深受学生个人素质差异的影响;同时,它还与教学模式的滞后、教学方法的不当以及学生个体的认知心理偏差紧密相连。在英语学习的旅途中,内外部因素的交织作用,往往导致语言知识在学习者的认知结构中逐渐固化。因此,我们应当秉持科学、理性的态度,以宽容之心面对学生的语言尝试中的不足,对中介语及其僵化现象进行深入的辩证分析,以便更深刻地理解其内在运作机制,从而为第二语言教学提供更加精准的指引。研究进一步揭示,汉语语言能力在学生的英语写作过程中扮演着双重角色,既直接又间接地发挥着作用。具体而言,汉语写作能力、词汇量以及语言表达能力等因素均对学生的英语写作产生显著影响。此外,英语水平作为一座桥梁,深刻影响着学生从汉语能力向英语写作能力迁移的效率与效果。

2. 计算机辅助语言教学

计算机辅助语言教学是一门专注于研究计算机技术在语言教学领域应用的科学。回顾我国高等教育中,媒体技术在大学英语教学中的应用与发展历程,可谓历史悠久且不断演进。20世纪七八十年代,当大学英语教师手提录音机步入课堂,以新颖的方式开展听力教学时,这一场景还颇为引人注目;随后,到了90年代初,随着高校语言实验室的广泛普及,这一变革极大地推动了听力、口语、写作及翻译等语言技能的教学发展;步入90年代末,网络语言实验室的兴起,更成为高校提升大学英语教学质量的一个重要里程碑;进入21世纪后,全国各大高校的大学英语课堂几乎全面拥抱了多媒体教室,同时,网络英语自主学习中心的建立如雨后春笋般涌现，这一变革促使大学英语教学模式步入了多媒体课堂教学与网络化自主学习相辅相成的崭新阶段。

计算机辅助语言教学的演进凸显了英语教学与教育科技之间不可分割的联系，两者在相互推动中共同发展，教育理念的革新与科技的进步形成了良性互动与深度融合的态势。近年来，围绕多媒体与多模态教学模式的探讨与实践，极大地加速了英语教育与技术融合的步伐，使之成为当前英语教学领域的热点议题。

3. 我国的英语学习理论研究

长久以来，我国学者在探索二语习得理论时，主要采取了引进并本土化国外先进理论的模式，致力于将其融入我国英语教学实践的土壤中进行应用性研究。然而，必须认识到，我国的英语学习环境与西方的第二语言学习环境在多个维度上存在着显著差异。因此，我们有责任根据国内英语教育的实际情况，审慎地审视和研析来自海外的各种理论框架，特别是二语习得理论，确保其在本土的适用性和有效性。在这一过程中，我们须深刻把握中国学生英语学习路径的独特性，将这一核心要素融入对外来理论的吸收与转化之中。通过这样的努力，我们希望构建一套既体现国际视野又深深扎根于中国土壤的英语教学理论体系，并开发出能够精准指导教学实践、显著提升教学成效的方法论体系。

二、大学英语多模态课堂教学设计模型建构

（一）多模态研究相关概念

1. 多模态

多模态的概念指的是，通过巧妙融合、有序排列与精心编织多样化的符号形式，共同编织成富有意义的篇章或交流内容。从人类

感知的角度来看，多模态即在信息传递与交流过程中，同时启用两种或两种以上的感知通道或模态。在日常生活中，我们无时无刻不置身于一个多模态的环境中，利用多模态信息来加深理解、促进交流。以课堂教学为例，学生在听取老师讲解（利用听觉模态接收老师的言语信息）的同时，也观察着老师的肢体动作（手势、姿势等，属于视觉模态）以及黑板上的板书（书写，同样通过视觉模态接收），这些不同的模态协同作用，共同构建了丰富的学习体验。值得注意的是，有些情况下，即便从感知模态的角度看似单一，但实质上却蕴含了两种或更多种类的符号系统。换言之，按照符号系统的复杂性和多样性来划分，这些情形同样被视为多模态的一种表现。

2. 多模态话语

多模态话语这一概念，是相较于单一模态话语而言的。简单来说，如果一段话语仅依赖于一种感官或表达方式来传递信息，如广播主要依赖听觉（即言语）来传达，或是一份纯文字通知仅通过视觉（即文字语言）来呈现，这样的就称为"单模态话语"。反之，当话语融合了两种或更多种类的感官体验或表达方式时，它就成了"多模态话语"。从社会符号学的视角来看，多模态话语实质上是在交流过程中，多种符号模态相互交织、共同作用的综合体。这意味着，在一个完整且富有意义的交流情境中，不同的符号资源如语言、图像、声音、动作等，会协同工作，共同构建并传达特定的信息，以达到有效的交际目的。张德禄教授则进一步整合了模态分类的多个维度，将多模态话语定义为一种跨越了听觉、视觉、触觉等多种感官体验，并巧妙运用语言、图像、声音、动作等多种手段和符号资源来进行信息交流和意义构建的现象。

3. 大学英语课堂话语的多模态属性

在当今这个信息技术日新月异的时代，人们的交流方式正经历着前所未有的变革，这一背景下，语篇的多模态特性日益凸显，我们称之为语篇的多模态化。这种多模态化不仅体现在媒介形式的丰富多样上，还深刻反映了人类行为的多面性、大脑结构的完整与复杂，以及认知过程的多模态特征，成为了现代话语交流的一个鲜明标志。尤为值得注意的是，这种多模态化趋势在课堂教学的语境中，特别是在采用电脑辅助、教室为载体的多媒体教学模式的英语课堂上，表现得尤为突出。在这样的教学环境中，英语课堂语言不再局限于单一的口头表达，而是融合了图像、声音、文字等多种模态，展现出一种典型的多模态特征。这既是现代信息技术与大学英语课堂教学深度融合的产物，也是大学英语教师积极更新教学理念、探索新型教学模式的必然结果。

（二）大学英语多模态课堂教学设计应当遵循的原则

1. 结合教学条件，彰显媒体间性，促进"教"与"学"

在将计算机技术与大学英语课程深度融合的进程中，"三多"概念——多媒体、多模式、多模态，作为新媒体时代教学媒体的核心要素，显著体现了媒体间性的协同效应。为了优化大学英语课堂教学设计，我们应深入挖掘并充分利用这种媒体间性，确保教师在教学过程中的引领角色得以彰显，同时真正确立学生的中心地位，从而最大化地促进教与学的双向互动。具体而言，教师应积极拥抱多媒体与多模式的教学策略，通过丰富多样的教学资源，构建一个充满活力的数字化学习环境，以此提升课堂教学的吸引力和有效性。此外，鉴于学生作为"数字原住民"的天然优势，教师应巧妙引导，鼓励他们充分利用这些优质的教学资源和数字化平台，不仅要在课前做好充分准备，还要在课堂上为他们设计富有挑战性和实践性的学习任务。这样一来，学生便能在多样化的学习活动中，更加主动地去探索新知识、掌握新技能，实现自我提升。

2. 把握整体原则，强化参与互动，追求有效教学

基于多媒体、多模式、多模态课堂教学的鲜明特征，我们可以将主体间性、媒体间性和文本间性的理念作为教学设计的核心理念，通过实施交互式教学策略，来增强学生的课堂参与度，进而提升课堂教学的整体效果。值得注意的是，尽管多媒体、多模式、多模态的课堂教学旨在追求高效，但它与单纯追求速度或形式上的"高效率"课堂教学存在本质区别。在当前的高校英语教学中，一个不容忽视的现象是部分课堂可能过分偏向于"娱乐性"，导致教学内容浮于表面，教学效果不佳，即所谓的"低效"课堂。这种"娱乐性"倾向，虽然可能在短期内吸引学生的注意力，但长期来看，却可能削弱学生的学习动力和深度思考能力，因此必须引起我们的高度重视和有效应对。

3. 倡导社团实践，加强课外学习，创新学习文化

在计算机辅助与课堂融合的多媒体教学模式框架下，积极推广在线自主学习与合作学习，已成为高校英语教学中不可或缺的一环。这种教学模式鼓励学生通过参与社团活动，不仅能在课外时间巩固学习成果，还能激发创新思维，促进合作性英语学习文化的蓬勃发展。社团实践作为一种集主体间性、文化间性、媒体间性于一体的实践活动，为高校英语教学开辟了全新的视角与路径。

在大学英语教学改革的征途中，首要且关键的一步在于充分调动并发挥教师的积极性与主体性。这要求教师勇于革新观念，甘愿"俯身倾听"，积极投身于教学模式的创新实践，与学生携手并进，共同提升多元化的阅读理解能力。在此基础上，教师应巧妙利用多媒体教学的丰富资源，最大限度地挖掘学生的多模态学习潜力，让

他们在听觉、视觉乃至更多感官维度上广泛吸收知识。同时,鼓励学生通过口头表达、书面作业、电子媒介以及肢体语言等多种形式,加强学习的互动与反馈,实现知识的有效输出与内化,从而实现高效、全面的英语学习目标。

三、MAP 在大学英语课堂教学及其评价中的应用

（一）基于多模态课堂教学设计原则模型（Multimodal Apple Pie，MAP）的大学英语课堂教学设计

1. 基于 MAP 的大学英语教案设计

基于 MAP 框架的大学英语课堂设计，虽强调课堂环节的重要性，却不受传统束缚，强调五个核心教学原则：展示并论证新知识、实践应用新知、围绕完整任务展开学习、激活关联原理，以及全面融会贯通掌握原理。通过整合间性理论与多媒体认知学习理论等，我们积极探索并实践高效创新的大学英语课堂教学模式。

教学设计乃是奠定课堂教学成功基石的关键步骤。在大学英语的课堂设计中，我们应紧密遵循教育学、心理学及语言教学的核心原则，紧密结合大学英语的教学需求、标准以及学生的实际学习情况，审慎平衡教学理念、模式、技术以及策略等多方要素。这一过程旨在对教学目标、内容安排、时间管理、教学方法、课堂管理、教学媒介选用、学习活动设计以及学习评价体系进行全面而细致的规划与设计。为确保教学设计的标准化与规范化，在 MAP 框架下的大学英语课堂实践中，我们要求课题组成员遵循"MAP 课堂教学设计表"来精心编制教案。该表格不仅囊括了传统教案所需的基本元素，如章节划分、课时安排、教学目标设定、重难点分析、教学流程描述及教学效果评估等，还特别强调教师须在教案中清晰展

现设计思路的精髓，并要求在整个教学设计流程中，针对每一关键部分进行深入细致的设计分析与考量，以确保教学的有效性与针对性。

经验表明，教案中标注 MAP 要素及设计思路的做法，有效增强了教师对 MAP 课堂教学设计原则与方法的关注，不仅丰富了课题研究的教学改革实践素材，还激发了课题组成员持续深化学习与研究的动力。

2. 基于 MAP 的大学英语教案评价

在 MAP 框架中，"M"这一标识具有双重含义：它既代表了媒体（Media）、模式（Mode）与模态（Modality）这三个以 M 为首字母的关键词，也象征着课堂教学中至关重要的三个"多元"要素——多媒体、多模式与多模态。作为多模态教学模式的核心基调，"M"不仅彰显了教学媒体在大学英语课堂上的关键作用，还通过媒体间性的协同效应，显著改进了课堂交流的模式，丰富了学生学习语言的模态体验。因此，在评估基于计算机与课堂融合的大学英语教学模式时，"M"所代表的多模态特性成为了不可或缺的关键考量点。

在大学英语课堂中，学生主要依赖听觉和视觉两种模态来接收语言信息，这构成了语言输入的主要渠道。然而，衡量大学英语教学成效的关键不仅仅在于输入，更在于学生的参与度和语言输出能力。特别是在当前高校广泛采纳的输出驱动教学理念下，我们更应聚焦于学生如何运用口头表达、书面写作、电子媒介以及身体语言等多种话语模式来积极输出语言。

课堂教学的精髓在于互动，而互动教学的成效则依赖于精心的教学设计。在大学英语的课堂设计中，我们应充分利用多媒体资源，促进多模态学习互动，并细致规划五大核心环节：课堂导入、信息呈现、同伴合作、学习强化和教学评价。

（二）大学英语课堂教学评价

1.大学英语课堂教学评价的意义和功能

提升高校教学质量的核心环节在于构建有效的课堂教学评估机制，而关键在于确立一套切实可行的评估标准。当前，众多高校在英语教学评估体系的构建上尚显滞后，普遍存在的问题是评估体系偏重对教师"教"的考量，却忽视了对学生"学"的成效评估。针对大学英语教师的课堂教学评价，应紧密围绕大学英语教学目标，遵循教育教学规律与原则，运用科学方法全面衡量教师教学效果及其是否实现既定教学目标。评估标准须凸显英语学科的特性，旨在通过科学、公正的评估促进教师的专业成长，进而提升整体英语教学质量。然而，当前大学英语课堂教学的评估体系仍面临诸多挑战，包括但不限于评估目标不够明确具体、任务导向模糊、缺乏针对性强的评价指标，以及忽视评价主体多元化等问题。在传统课堂教学评估体系中，校领导扮演着主导角色，通过教学督导及学生每学期对教师课堂教学的综合反馈得出评估结果，此评估结果对教师评优评先、职称晋升等关键事项具有决定性影响。具体到单节课的评价，则多依赖于学校领导和同行教师的评判，核心聚焦于教师个人的教学质量。然而，随着大学英语教育与教学的持续革新，高校英语教研室开始将重心转向教师的全面培养，将日常听课、评课、授课实践、教学观摩及教学竞赛等活动常态化，以此作为提升教师专业素养、优化教学方法、最终实现教学质量飞跃的重要途径。

大学英语课堂教学评价扮演着至关重要的角色，它不仅是对教学效果的评定，更是促进教学质量提升与激发教师动力的关键。在推动大学英语教育教学改革的背景下，教学管理部门应充分利用听课与评课机制，结合考核与激励措施，激励教师不断优化课堂教学水平。通过实施科学、公正、合理的课堂评价,我们能够显著提升教师在课堂中的投入度与参与感。这一评估过程全面审视了教师的教学质量、水平及其教学过程中的优缺点,为师生双方提供了宝贵的反馈。学生与教师能据此清晰认识到教学目标的实现程度,以及所采用的教学策略对达成教学目标的具体贡献。此外,课堂教学评价还促进了教师教学设计意识的觉醒与技能的提升,助力他们在未来的教学实践中更加高效地完成任务,不断追求卓越的教学质量。

2. 基于 MAP 的大学英语课堂教学评价

为了有效评估课堂教学质量,我们须深入剖析教学系统的四大核心要素及其相互间的动态关系,尤其要紧密结合大学英语多模态课堂教学的独特情境。与传统课堂模式不同,大学英语多模态课堂强调"教师引导,学生主体"的教学理念,通过课程与教学的深度融合,以及"自主、探究、合作"学习模式的综合运用,为学生打造了一个全新的学习生态。因此,在评价此类课堂教学效果时,我们必须突破传统评价的局限,充分认识到教学媒体的关键作用,并从信息技术与课堂教学深度融合的视角进行审视。依据 MAP 原则模型,针对大学英语多模态课堂教学设计的精髓与特色,我们主张在进行单节课的教学评价时,应提升至主体间性的哲学层面,聚焦于教师与学生这两大核心要素。同时,将教学内容与教学媒体的评价自然地融入对教师与学生表现的评估之中,以实现更为全面、深入的课堂教学效果评价。

在新媒体技术迅猛发展的今天,教学媒体作为教学系统不可或缺的组成部分,其地位与价值日益凸显。然而,我们须警惕陷入技术至上的误区,因为媒体间的互动本质上应根植于主体间的交互之中。技术看似引领,实则是以师生的积极参与为前提,是主体间性与媒体间性交织共生的教学现实的体现。实际上，推动教学深刻变革的核心力量并非技术本身，而是先进的教学理念与方法的创新应用。因此，在依托计算机技术与传统课堂融合的大学英语教学中，教师应坚守以促进教学相长为根本的听课评课原则，树立正确的评价导向，始终以学生为中心，紧密关注教学效果的提升。

听课评课活动是教师深化教学实践、开展行动研究的关键一环，其核心目标在于持续吸收反馈，优化教学流程。这一过程中的创造性转化与实践应用，对参与其中的每一位教师——无论是执教者还是观摩者——都极具价值。教师的专业成长是一个从实践中学习、在反思中进步、通过不断试错与调整实现自我超越的循环过程。他们在课后深入思考，与同行在评课环节中交流碰撞，随后将所学所得融入个人教学风格与理念之中，进行创造性的再加工与实际应用。这一系列过程伴随着持续的自我反思、再探索、再体验与再研究，推动教师教学能力的螺旋式上升。以听课评课为平台，教师得以享受思想碰撞的火花、意见交流的盛宴、经验分享的甘霖以及教学设计灵感的启迪。这些宝贵的学习资源与成长经验，如同滋养心灵的甘露，助力教师在教育的道路上不断前行，实现个人专业能力的飞跃。

第三章　大学英语教学模式理论创新探讨

第一节　大学英语教学基础理论与教学思路

英语教学本质上是一种依托于科学理论的教学活动，其根基深植于多元化的理论体系之中。然而，由于理论研究者的关注焦点各异，所衍生出的理论自然对英语教学产生了多样化的影响。深入理解和把握这些理论基础，对于提升英语教学的效率和科学性至关重要。接下来，我们将对几种常见的英语教学理论基础进行概括性阐述。

语言历经漫长岁月的演化，对其本质的探索之旅却从未停歇，反而吸引了越来越多专家与学者的深入剖析与探讨。在此情境下，我们聚焦于语言功能理论、交际能力理论以及言语行为理论，旨在全面阐述语言本质的多维理解框架。

一、英语教学的语言功能

（一）微观功能

在儿童母语学习的初级阶段，微观功能逐渐显现，涵盖了七个核心方面：①个人功能。孩子们利用语言表达内心的情感、自我身份认知及个人见解。②规章功能。孩子们能借助语言来规范或引导他人的行为。③想象功能。它赋予孩子们通过语言构建虚拟世界或幻想场景的能力。④启发功能。这一功能促使孩子们利用语言作为工具，去探索和认知周围的世界，同时在学习和发现中不断成长。⑤工具功能。它让孩子们能够运用语言来获取所需物品，满足物质层面的需求。⑥相互关系功能。相互关系功能则强调了语言在人际交往中的桥梁作用，帮助孩子们建立和维护与他人的联系。⑦信息功能。虽然这通常在儿童成长至一定年龄（如超过18个月）后才显著展现，但它允许孩子们有效地向他人传递信息，标志着语言交流能力的进一步提升。

值得注意的是，儿童语言中每句话仅承载单一功能，不会混杂多样功能。随着语言发展接近成人水平，其功能范围趋向精简，微观功能逐渐融入更为宽泛的宏观功能之中。

（二）宏观功能

宏观功能相较于微观功能，展现出更为错综复杂、内容广泛且抽象化的特点，它通常在儿童从原始语言模式向成人语言模式过渡的过程中显现。这一功能体系囊括了两种核心类型：①实用功能。它根植于儿童早期语言中的工具性、社交调控及相互关系的微观功能，体现了儿童将语言视为达成目的或完成任务的有效工具。②理性功能。这一功能是对儿童早期个人表达、探索求知等微观功能的深化，反映了儿童如何利用语言作为学习新知、洞察世界的媒介与方法。

宏观功能可视为儿童语言发展历程中的一个过渡阶段，它巧妙地衔接了微观功能与纯理功能，展现出功能上的连贯性。这一现象不仅凸显了人类语言虽功能有限，却能灵活适应多样化社会情境的能力，也深刻揭示了人类在语言实践中不断创新、丰富语言表达的内在需求。

（三）纯理功能

韩礼德提出的纯理功能理论在功能语言学界占据了举足轻重的地位，其精髓可归结为三大核心功能：①人际功能。它强调了语言在构建、维系乃至影响人际关系中的关键作用。借助这一功能，说话者能够依据特定情境传达个人见解、情感倾向，进而影响他人的态度与行为。②篇章功能。它揭示了语言如何编织出连贯、贴切于语境的言语或文本，任何语篇都是功能导向的语言产物。③概念功能。它聚焦于语言如何作为桥梁，连接并表达个体的内心世界与外部现实世界的体验。简而言之，概念功能使语言成为解码个人经验、描绘主客观世界万象的强有力工具。

二、英语教学的交际能力理论

（一）乔姆斯基交际能力理论的提出

20世纪50年代末期，乔姆斯基在《句法理论面面观》中引入了"能力"与"表现"两个语言学新概念，并深入剖析了语言能力与语言行为之间的关联。

乔姆斯基界定了语言能力的概念为：一个语言社团中成员所具备的潜在语言能力，而语言行为则是指这些能力在具体语言环境中的实际展现。换言之，他将说话者与听话者所掌握的语言知识体系视为"能力"，而将这种知识在具体情境下的具体应用和表达视为"表现"。乔姆斯基强调，个人的这种内在语言能力及其实践运用，并不直接受限于外在的语言行为本身。

一些语言学家被这种忽视语言社会功能的现象所触动，转而更加关注语言在社会交往中的实际作用。在这方面，美国社会语言学家海姆斯的"交际能力"概念尤为引人注目，成为一个重要的里程碑。随后,卡纳尔和斯温等学者也进一步细化和深化了关于交际能力的理论探讨。

(二)海姆斯对交际能力理论的扩展

海姆斯基于语言在社会交际中的核心作用,构建了关于语言使用者及其语言运用方式的理论框架。他认为,乔姆斯基提出的"能力"概念虽具开创性,但忽略了人们在复杂社交环境中对语言精准得体运用的需求。为弥补这一空白,海姆斯引入了"交际能力"的概念,旨在全面反映个体在社交互动中有效使用语言的能力。

海姆斯强调,交际能力是一个多维度、综合性的概念,它超越了单纯的语法知识和语言能力范畴,还涵盖了心理、社会文化以及实际使用频率等多个层面。这意味着,一个具备交际能力的人,不仅需要掌握语法规则以构建合乎规范的句子,更重要的是,他们还需要了解如何在不同社交情境中,针对特定对象、时间和方式,恰当地选择和组织语言内容。因此,交际能力具体包含以下四大要素:首先,能够识别并构造语法正确的句子,这是形式上的基本要求;其次,能够判断哪些话语在实际交流中是可接受且得体的,即便它们在形式上可能无误,但未必适用于所有场合;再次,能够在交际过程中灵活运用语言,确保表达既合语法又合情境;最后,还需要具备评估语言形式在实际运用中是否恰当可行的能力。

海姆斯的交际能力理论在语言学和应用语言学领域产生了深远影响,直接指引着外语教学目标的确立与制定。

(三)卡纳尔和斯温的交际能力学说

在《第二语言教学与测试中的交际法理论基础》一文中,卡纳尔与斯温详尽阐述了交际能力的多维构成,不仅深化了海姆斯的理论框架,还进行了实质性的拓展。他们提出的交际能力,涵盖了四大核心要素及其相关知识与技能：①语法能力。此能力涉及语音、词汇、语法等语言基础知识，是构建语言表达的基石。值得注意的是，卡纳尔与斯温所定义的"语法能力"与乔姆斯基的"语言能力"概念，以及海姆斯提及的"形式上的可能性"在本质上不谋而合，均指向语言结构的掌握。②社会语言能力。鉴于社会交往的复杂多变，说话者须根据不同的社会环境和身份角色，灵活调整语体与表达。因此，社会语言能力强调在特定社会情境下，恰当选择并运用语言的能力，包括运用各种言语功能（如工具性、指称、个人表达、维持交流、想象构建、语境适应、元语言反思等）以适应不同的交际需求，实现有效的社会互动。③篇章能力。此能力聚焦于文本的整体构建与理解，要求个体能够依据上下文语境，准确把握句子间的逻辑关系与深层意义，进而将零散的句子组织成连贯、有意义的篇章。例如同一句话"那个人是从北京来的"在不同语境下可承载建议、暗示、鼓励、警告等多重意图，体现了篇章能力的关键作用。④策略能力（亦称"补偿能力"）。在交际过程中，面对语言障碍或交流困难，策略能力显得尤为重要。它指的是运用语言手段（如提问、解释、重复）或非语言手段（如肢体语言、面部表情）来弥补沟通不足，确保交际顺利进行的能力。这包括有效开启话题、维持对话流畅、灵活转换话题以及适时结束对话的策略与技巧。

根据卡纳尔和斯温的理论，由于交际能力涵盖上述四种关键能力，故在语言教学实践中，应着重强化这四项基本技能的训练与提升。

三、英语教学的言语行为理论

20世纪50年代，牛津大学的杰出哲学家奥斯汀首创了言语行为理论,这一理论随后在美国哲学家塞尔的精心改良下,逐渐演化为一种深刻阐述人类语言交流本质的学说。该理论不仅为语言教学领域注入了新的活力,还直接促成了意念大纲的诞生,为其奠定了坚实的理论基础。在语言教学的实践与大纲设计的语境中,言语行为常被视作"功能"或"语言功能"的代名词,强调了语言在交流中的实际作用与效能。

(一)奥斯汀的言语行为理论

奥斯汀将话语划分为表述句与施为句两大类,并进一步提出了言语行为的三分理论。

1. 表述句与施为句

表述句旨在描述、报道或陈述客观事实或事态,这类句子能够验证其真实性,具有明确的真假值。与施为句相比,表述句的核心在于通过语言来反映或叙述事物,而施为句则侧重于通过语言来执行某种行为或施加影响。

2. 言语行为三分说

奥斯汀在认识到表述句与施为句二分法的局限性后,对其理论进行了修正,提出了更为精细的言语行为三分理论。这一理论将言语行为划分为三个层次:首先是基本的以言指事行为,即人们通过运用发音器官,按照语法规则发出并组合成词句的过程,这是言语行为最基础、最直观的层面。接着是以言行事行为,它超越了单纯的语言表达,而是通过说话来实际执行某种行为或传递特定的意图,这种意图被称为"语力"。奥斯汀进一步将以言行事行为细分为评价、施权、承诺、伦理表态等多个类别,以全面覆盖言语的多种功能。最后是以言成事行为,也被称为以言取效行为,它关注的是言语行为所带来的实际效果或后果,这种效果可能符合也可能偏离说话人的初衷,但它本身仅是对结果的描述,不直接反映说话人的意图。

(二)塞尔的言语行为理论

塞尔的主要成就在于他优化了奥斯汀对以言行事行为的分类体系,并创造性地提出了间接言语行为的理论框架。

1. 塞尔将以言行事行为分为五类

(1)承诺类:说话人在此类中承诺未来会采取某种行动,承诺程度可有所不同。

(2)表达类:直接反映说话人的内心状态或情感。

(3)断言类:说话人对某事的真实性或态度进行明确判断或表态。

(4)宣告类:通过说话直接改变或确认现实状态,使所言与现实相符。

(5)指令类:说话人向听话人发出指示或命令,要求对方执行某种行为,其强制性可强可弱。

塞尔的此番分类科学且深入,至今仍被广泛应用。

2. 间接言语行为理论

间接言语行为指的是,通过执行一个表层的言语行为,间接地达到另一个深层次的交际目的。

也就是说,表面看似在"询问"的言语,其真实意图可能是"请求",这种"请求"是借助"询问"的形式间接传达的。

塞尔进一步细化了间接言语行为的范畴,将其分为规约性和非规约性两大类。规约性间接言语行为,主要是出于礼貌考量,其背后的真实意图通常能直接从话语的语法结构中推断出来,为交际双方所共识。相反,非规约性间接言语行为则更为复杂,它依赖于说话者与听者共有的语言背景知识以及当前的语境环境,需要深入理解和推断才能准确把握其真实含义。

第二节　大学英语教学策略与运用分析

在英语教学中，教师持续尝试并创新多种教学策略。这些策略依内容可划分为四大类：针对英语知识的组织策略、课堂内部的教学组织策略、课外活动的规划策略，以及教学形式上的创新组织策略。

一、英语知识组织的策略

语言交际能力涵盖了语言知识的掌握能力和在实际场景中运用这些知识的能力。英语知识组织策略旨在将这两方面紧密结合，帮助学生将所学的英语知识灵活应用于日常交流和工作实践中。为此，教师可以考虑以下几个具体策略。

第一，语音知识的系统构建，它构成了英语学习的基石，对学生的学习进程和成效具有深远影响。基于此，教师在语音教学中应遵循几项核心原则：首要任务是确保每位学生的发音纯正无误；随后，再循序渐进地融入语用知识的教学，引导学生在具体情境中运用语音；同时，提升语音学习的趣味性，以激发学生的学习兴趣；最后，针对学生在发音上遇到的难点或频发错误，采取针对性的辅导与纠正措施。

第二，聚焦于语词知识的整合，语词作为构筑语言大厦的砖石，其重要性不言而喻。在组织语词知识时，我们应遵循以下准则：精选语词，确保其适用性与准确性；将语词融入具体语境，以展现其生命力；引导学生深入理解语词的多重维度，包括其意义、用法以及背后的文化内涵。

第三，涉及语法知识的编排，语法作为语言结构的骨架，是语言习得不可或缺的一环。在语法知识的组织上，我们应确保所选内容贴近实际交流需要，使语法教学服务于有效沟通；同时，强调语法学习的交际导向，让语法不再是孤立的规则学习，而是融入日常交流中的实践；此外，还应注重教学方法的多样性，以激发学生的学习兴趣，促进语法知识的内化和应用。

第四，文化知识组织策略，这一策略根植于语言与文化不可分割的紧密联系之中。在英语教学的过程中，文化知识的融入是自然而然的。为了有效地实施这一策略，我们应当遵循以下几个基本原则：首先，要系统地将丰富的文化内容融入英语教学之中，使语言学习与文化探索相辅相成；其次，明确文化教学的目标、态度等，旨在培养学生的跨文化意识，引导他们以开放的心态包容和接纳不同文化的多样性；再次，通过教学实践，引导学生亲身体验和感知不同文化之间的差异，增进对多元文化的理解和尊重；最后，鼓励学生在跨文化交际的实践中不断拓宽视野，积累更广泛的文化知识和深刻的文化体验。

二、课堂教学组织的策略

课堂学习是学生获取知识效率最高的途径，相较于课外活动，其目标明确且集中。课堂教学组织策略的核心涵盖四个方面：组织设计、组织实施、组织素质及组织方法。

（一）组织设计

在英语教学的过程中，教师须周密规划并严谨执行教学流程，以确保师生间的默契配合，教学内容的顺畅衔接，从而让教学活动紧密遵循教师的预设轨迹。

（二）组织实施

组织实施环节，则是教师将精心策划的教学蓝图付诸实践的关键步骤。这一过程不仅是对组织设计有效性的直接检验，也通过教学实践的反馈，展现教师设计是否能在课堂上得到充分展现，师生交流是否流畅自然，以及教学任务能否圆满达成。

（三）组织素质

英语教学要求教师具备多元化的素质，并能灵活创新地将其融入课堂实践。首要的是，教师须拥有掌控课堂的能力，既能激发学生的积极性，使课堂氛围活跃（即"放"），又能适时引导学生集中注意力，维持教学秩序（即"收"）。其次，教学过程应融合静态与动态元素，教师在稳健的教学框架内，巧妙运用眼神交流、肢体语言等动态元素，以增强教学效果。再次，教材作为教学的基础，教师应深谙其精髓，根据教材内容及学生的实际情况，精心设计教学方案并有效实施，以此推动教学目标的实现。最后，教师还须掌握精湛的教学技能，以便亲自示范并指导学生进行实践操作，促进学生的全面发展。

（四）组织方法

在组织课堂教学时，教师需要熟练掌握一系列核心的组织技巧。

第一，鉴于课堂活动的多样性和不可预测性，教师应当具备丰富的语言表达手段，并能灵活切换，以适应不同教学场景的需求。

第二，教师应注重自我提升，包括形象气质的塑造，以情感为纽带，增强自身在课堂上的吸引力和感召力，从而更有效地引导学生。

第三，为了弥补教师难以同时关注所有学生的局限性，教师应合理安排学生及任务分配,确保每位学生都能得到适当的关注和学习机会。

第四,根据教材内容创设具体情境,让学生通过模拟体验,深入感受人物内心世界,进而加深对课文角色的理解,是提升教学效果的有效途径。

第五,采用"系统提问三段式"教学法,通过问答互动,不仅激发学生的主动性,还促使教师从单纯的讲授者转变为引导者,实现师生双方在教学活动中的深度融合与相互促进。

三、课外活动组织的策略

在我国,英语教学以课堂教学为主阵地,然而,鉴于教学时间的有限性,课外活动的补充作用显得尤为重要。课外活动形式丰富多样,涵盖了观赏英文电影与电视节目、撰写英文电子邮件以及用英语与同伴或朋友交流等实践活动。这些活动不仅为学生的课余时光增添了色彩,还通过实际应用加深学生对英语学习价值的认识,进而促进他们跨文化交流能力的培养与发展。

普遍观念中,教师被视作课堂教学的核心,进而错误地认为课外活动与之无直接关联,实则不然。在课外活动的组织上,教师同样扮演着至关重要的引导角色。鉴于课外活动形式的多样性,教师可以凭借自身经验,为学生推荐有益的电影、报刊或节目等,以此激发学生的英语学习热情。然而,教师在此过程中也须谨慎行事,避免过度干预学生的课外学习,以免适得其反,影响学生的自主性和积极性。

课外活动组织依类型可划分为两大类别:大型课外活动与小型课外活动。

（一）大型课外活动

大型课外活动涵盖了英文歌曲竞赛、演讲赛事、英文报刊与图书阅读活动，以及戏剧表演等多种形式，它们普遍展现出综合性和创造性的特点。这些活动不仅为学生提供了实践课堂语言知识的舞台，还促进了学生间的团队协作与集体荣誉感的培育。为了确保学生能够充分发挥主观能动性，这些大型活动应定期举办，并精心规划时间安排。

（二）小型课外活动

小型课外活动通常以学生个体或小组为单位进行，活动范围有限，涵盖了教学中的趣味小游戏、学生课后的英语笔记记录等。这类活动的主要目的是强化学生对课堂所学内容的掌握，通过实践加深他们对英语知识的记忆与理解。

四、教学形式组织的策略

在当今的英语教学中，教学策略的组织形式可归纳为三大类别：班级授课、小组合作学习与自主学习。班级授课模式，即教师面向全班学生统一传授英语知识而小组合作学习，则是在班级授课框架内，教师依据学生的学习特点与水平，将学习任务或活动划分为若干小组进行，以促进更加个性化和协作化的学习。至于自主学习，则是在教师的引导下，学生根据个人兴趣和需求，自主选择学习路径和内容，实现自我驱动的知识获取过程。

此外，在实际教学过程中，教师应灵活应变，根据具体情境选用最适宜的教学形式，确保三种教学形式得以恰如其分的运用。例如在教授语音、单词、词汇及语法等基础知识时，班级教学往往更为高效；而在分配和实施学习任务时，小组教学则能更好地促进团队协作与个性化学习；至于需要学生加强记忆与背诵的环节，则鼓励学生进行自主学习，以充分发挥其主观能动性。由此可见，教学形式的选择应紧密围绕学生的实际需求展开，唯有以学生为中心，方能最大化地发挥这些教学方法的效用。

第三节 大学英语教学中多元化评价体系的构建

大学英语评价体系当前面临内容乏味、方式单一等挑战，亟须革新。应采纳多元智能理论，强化形成性与过程性评价，持续创新评价体系的目标设定、内容构成及实施方法，以有效驱动大学英语教学改革的深化。教学评价作为大学英语教学中的关键一环，其质量直接关系到教学效果的提升、教学过程的顺畅以及教学目标的实现。

当前大学英语课程普遍采用终结性评价，过分聚焦于考试成绩，忽视了学生的主动性、积极性和创新能力，这不利于全面提升学生的英语听、说、读、写、译能力。为此，须深入剖析大学英语评价体系存在的问题，并构建多元化的评价体系，以促进高校英语教学改革的深入发展。

一、大学英语课程评价体系的现状

教育部发布的《大学英语课程教学要求》倡导高校深入推动英语教学改革。基于此，众多高校积极响应，围绕英语大纲，将提升学生的英语应用能力和职业技能作为教学核心，旨在全面增强学生的英语实力。在此过程中，教学评价不仅是大学英语教学不可或缺的一环，也是改革进程中的关键要素。

一个全面、客观、科学且合理的教学评价体系，对于教师而言，是洞察学生学习进展的精准窗口，有助于他们依据实际情况灵活调整教学手段与策略；对于学生而言，这样的评价体系则是指引，帮助学生优化英语学习路径，提升学习效率。然而，当前众多高校在大学英语教学评价上显得滞后，依然固守着传统的终结性评价模式，以四、六级或期末考试成绩为衡量学生英语能力的唯一标尺，这种做法显然存在局限性。

在大学英语教学实践中，不少教师倾向于将四、六级考试内容视为教学的重中之重，耗费大量时间传授考试知识与技巧，却在一定程度上忽视了学生的学习动力与积极性，同时也未将学生的学习态度、兴趣等非因素纳入评价体系。这种"知识至上、能力次之，结果导向、过程忽略"的教学模式，导致许多学生即便通过了四、六级考试，却在实际应用中缺乏听、说、读、写的综合能力，难以满足职场的英语要求。更为严重的是，终结性评价模式往往打击学生的积极性，考试成绩不佳时易引发厌学情绪。综上所述，传统的英语评价方式不仅限制了学生英语能力的全面发展，也阻碍了大学英语教学改革的步伐。

二、构建大学英语课程多元评价体系的理论基础

（一）评价内容多元化

传统评价模式侧重于对单词记忆、语法掌握及阅读能力等英语基础知识的考核，主要以期中、期末考试成绩来衡量学生的英语学习成效。然而，这种模式存在诸多弊端。比如当学生的考试成绩不尽如人意时，他们可能会感到自卑，甚至质疑自己的英语学习潜能，这无疑会削弱他们对英语学习的兴趣。因此，在构建大学英语评价体系时，我们应超越单一的知识评价范畴，将听、说、

读、写、译等多维度英语能力纳入考量，同时关注学生的学习兴趣、态度、口语表达、学习习惯、自学能力以及合作精神等非智力因素。通过构建一个多元化的评价体系，更全面、更立体地评估学生的英语学习状况。具体到英语口语能力的评价，我们可以鼓励学生用英文复述课文，参与主题发言、口语比赛、英语演讲比赛乃至英语辩论赛等活动，这些多样化的评价方式不仅能有效检验学生的英语表达能力，还能进一步激发他们的学习兴趣。而在英语读写能力的评价上，我们可以引导学生阅读英文书籍、报刊，并撰写英文读书报告，以此作为评估他们读写能力的重要依据。这样的评价方式既考查了学生的英语阅读能力，也锻炼了他们的写作技能。此外，将运用英语解决实际生活问题的能力纳入教学评价体系同样至关重要。在构建大学英语评价体系的过程中，教师可以巧妙地设计模拟工作情境，使英语学习与实际应用场景紧密相连，从而增强学生的知识运用能力和创新思维。此外，通过组织英语专题讨论、角色扮演、文学创作及作品设计等实践活动，不仅能让学生在轻松愉快的氛围中锻炼英语应用能力，还能在互动中直接评估其表现。以"shopping and sightseeing"这一学习主题为例，教师可以安排学生分组合作，收集资料并策划一场本地一日游的推介活动。学生须用PPT展示他们的行程规划、沿途景点介绍等内容，这一过程不仅考验了他们的英语口语表达能力，还锻炼了人际交往、逻辑思维等多方面能力。同时，鼓励学生参与企业实习实训，让他们在实际工作环境中，依据企业的标准和需求进行自我评估，从而更清晰地认识到自身的短板，并有针对性地提升职业素养和英语应用能力。

（二）评价主体多元化

多元评价理论倡导构建一个多元主体的评价体系，其中教师固然是核心评价者，但学生、专家、家长及教学管理部门等也扮演着不可或缺的角色。这一理念鼓励从多维度、多视角出发，对学生的学习进行全面而公正的评估，旨在促进学生的全面发展与个性成长。因此，在教学评价实践中，我们应融合学生自评、教师评价等多种方式，让学生成为评价过程的积极参与者，以此激发他们的英语学习兴趣。例如鼓励学生撰写自评报告或学习日记，通过自我反思来识别学习中的强项与弱项，进而调整学习策略，实现自我提升。同时，学生互评作为一种有效的评价手段，也应得到充分的重视。在小组学习、口语交流、写作练习或情景剧表演等活动中，学生之间的互评不仅能促进他们相互学习、共同进步，还能培养学生的批判性思维和同理心。这样的互动有助于营造一个支持性、合作性的学习环境，让学生在交流中碰撞出不同的思想火花。此外，教师还应超越终结性评价的局限，积极引入形成性评价和诊断性评价。通过持续跟踪学生的学习进展，及时发现并解决问题，帮助学生设定并实现学习目标。同时，通过督促学生完成课堂及课后作业，强化学习效果，确保教学评价能够真正促进学生的学习与发展。

（三）评价标准多元化

基于多元智能理论的视角，每位学生都拥有独特的个性、专长和天赋，这意味着采用单一的学习评价标准往往难以全面、真实地反映学生的学习能力和实际状况。因此，在构建评价体系时，我们应当追求多元化，为不同类型的学生量身定制相应的评价标准。除了传统的英语知识技能评价外，还应将学生的学习兴趣、学习态度以及自我发展等因素纳入评价体系之中，以形成更为全面、客观的评价视角。具体而言，对于英语基础较为薄弱的学生，我们可以将学习进步情况作为评价的重点，通过关注他们的点滴成长和进步，给予及时的肯定和鼓励,从而激发他们的学习动力,培养他们的自信心。

(四)评价方式多元化

当前,大学英语评价体系中,终结性评价依然占据核心位置,而形成性评价的权重则相对较轻。这种评价模式难以全面、真实地反映学生的英语学习过程与成效,同时也限制了对学生英语综合能力的培养。为了改善这一状况,我们应当提升形成性评价的重要性,比如将平时成绩的比例提升至总成绩的40%,而期末成绩则占60%。这样的调整能够更有效地评估学生的出勤率、课堂参与度、学习态度等关键要素。

教师可以通过多样化的手段,如口头演讲、书面作业反馈以及课堂细致观察,来持续追踪学生的学习动态。同时,利用学生档案、学习日志和个人访谈等记录方式,深入了解学生的学习轨迹,包括学习态度、学习方法、实践技能的掌握情况以及交流沟通能力等。为了更系统地记录学生的成长,可以实施档案袋评价模式,这一模式鼓励学生建立自己的学习档案,其中收录学习计划、学习反思日记、自我评估报告、课堂讨论记录以及学习成果展示等丰富内容。定期让学生回顾自己的档案袋,不仅能帮助他们清晰地认识到自己的学习进展和成长轨迹,还能有效提升其自我反思和自我评价的能力。此外,在英语教学的评价环节中,我们可以创造性地引入撰写学习报告、参与专题座谈会、对话表演展示以及英语辩论竞赛等多种活动形式,作为评价学生英语学习成效的重要手段。这些活动不仅能够让学生更直观地了解自己的英语学习状况,还能在实践中锻炼和提升他们的英语综合运用能力。

多元化评价能够全面、深入地衡量英语教学成效,有效整合教学资源，增强学生的英语实际应用能力和职业竞争力。因此，大学英语教育亟须深化评价体系改革，构建多元化的评价体系，以全面促进学生英语学习能力的发展。

第四章 大学英语教学模式创新的可行策略

第一节 大学英语教学模式及其演变

一、模式与教学模式的含义

（一）模式的含义

从语言学的根源追溯，"模式"一词，其本意涵盖了事物及行为活动的典范与标准形态。深入解析，我们可将"模式"精确界定为：基于丰富的实践活动、深刻的思想内涵以及科学的理论指导，所构建出的一种旨在表征事物运作过程或行为轨迹的模型或框架。简而言之，模式即一种高度概括化、系统化的模型或范式。若将客观世界中真实存在的一切事物、运动形态及其相互关系视为现实原型，那么模型便是基于特定目的，对这些现实原型进行精心挑选、深度概括与精炼提纯的产物。这一过程远非简单的复制粘贴，而是深刻洞察事物本质，剥离非本质的偶然因素，直击其核心要素。因此，模型虽源于现实，却又超脱于现实，它不仅仅是对现实的模拟再现，更是对同一类事物、现象或问题共性特征与本质规律的鲜明揭示，深刻刻画了客观对象内部的结构布局、相互关联及运行法则。

综上所述,模型实质上是对研究目标之状态、结构特征、属性变化等要素的全面审视、精炼概括与抽象提炼,它是对事物本质的深刻把握与直观表达。简言之,模型虽源自对客观世界的抽象化处理,但由于其立足于本质层面的抽象,故而不仅精准捕捉了问题的核心,还超越了具体个体的局限,展现了同类事物共有的普遍规律与特性。

1. 模式也是一种范式

"范式"这一关键性的现代哲学理念,源自20世纪杰出的科学哲学思想家托马斯·塞缪尔·库恩的深刻洞见与精心构建。库恩强调,科学的进步并非孤胆英雄的独角戏,而是科学社群——即一群志同道合的科学家,通过共享的世界观、统一的概念框架以及方法论的协同努力所共同铸就的辉煌篇章。他将这些共同遵循的理论架构与思维方式称作"范式"。在科学探索的征途上,科学家们习惯于在既定的范式框架下审视问题、开展研究,这一范式如同导航灯塔,指引着他们的思维方向。然而,随着对研究对象及其内在规律的认知逐渐深入,科学界往往会迎来理论与方法的革新。这些新思潮、新方法如同破晓之光,预示着新范式的诞生。在这一过程中,旧有的范式可能因无法完全适应新的科学发现而逐渐式微,最终为新范式所取代。这一过程不仅推动了科学理论的更新换代,更标志着人类对自然世界理解的又一次飞跃。因此,范式的更迭成了科学进步的重要标志,每一次范式的转换都伴随着科学理论的崭新面貌与深刻变革。

2. 模式源于现实,但又能指导现实

当解决特定问题的方法变得成熟且普遍适用,形成系统化的理论时,便会构建出相应的模式。模式,本质上也是一种理论,它是对理论进行精炼和概括后,以简洁形式展现的、适用于解决同类问题的有效方法论。

（二）教学模式的含义

关于教学模式的定义与内涵，学术界尚未形成统一的共识。部分学者将其视为人们为实现特定认知目标，对教学活动结构所做的一种类比性、简约化及假设性的描述。另有学者则强调，教学模式是根植于教学实践的，是一套全面覆盖教学活动的组织、设计与调控策略的系统方法论。该系统由教育理念、功能目标、结构流程与操作指南等要素构成。还有观点认为，教学模式是在教育思想的引领下，针对具体教学目标和内容，围绕核心主题构建的一种既稳定又简明的教学结构理论框架，以及与之配套的可执行教学实践活动方案。此外，也有学者将教学模式定义为，在教育思想、教学和学习理论的共同指导下，教学活动进程中展现出的一种稳定且结构化的进行方式。

李佩武等人综合多方观点后，进一步阐述道："从归纳的视角来看，教学模式是跨越不同学科与教学方法，提炼出的具有普遍适用性的标准模板；而从演绎的层面来说，它则是模式概念在教育领域内教学活动中的具体实践。简而言之，教学模式通常是在明确的教学思想与教学理论框架下，针对具体的教学活动，并在特定环境条件下，围绕既定的教学目标构建而成的，一种结构稳定且理论化的教学模型或指导范式。"

由此可以看出，教学思想与理论是教学模式的基石，它确立了教学目的，引导教学过程，协调教学要素间的关联，并指导教学资料的整合与教学环节的布局，进而影响着教师教学策略的选取，塑造了教学设计的方向。

"相对稳定结构"指的是教学体系中教师、学生、教材、教学媒体等核心要素间的构成及其相互作用方式保持一定的稳定性。这种稳定性体现在教学流程各环节、阶段、步骤间的有序衔接不变；

教学目标、内容、方法及手段的有机结合方式固定；可实施的教学策略与实践模式保持连贯性。

"理论化"是对教学实践经验的提炼与升华过程，它提炼出普遍规律，展现了教学模式既根植于实践又超越实践、融入理论的特性。这一过程是教学从实践迈向理论的桥梁，紧密联结教学思想与实际操作，体现了两者的高度融合与统一，揭示了教学活动背后的理论基础及其内部各环节的相互关联。

从实践维度审视，教学模式是指将教学过程中不同阶段所采用的多样教学方法，依据其内在属性与关联进行系统性整合，进而构建出一个逻辑严密的教学方法体系。这一过程使得原本孤立的教学方法得以汇聚成模式。模式的确立，不仅规范了具体教学方法的应用场景，还在一定程度上揭示了适配于特定教学活动的教学策略。值得注意的是，教学模式虽与教学策略紧密相关，但二者并不等同；教学策略更倾向于直接指导行动的具体方法，强调实操性。

教学策略是教师在实现教学目标和完成任务时，精心设计的指导教学行为的蓝图与操作方法，表现为具体而细致的操作流程和形态。它明确界定了教学参与者的角色定位，侧重于教学内容与技术因素引导下的行为准则，展现出指导性、灵活应变及追求最优化的特点。

教学模式是一种对复杂教学组织方式的精炼呈现，它展现了在特定条件和目标下，如何通过特定思路与方法来影响和塑造教学系统的行为特性。其核心在于揭示教学的客观规律，强调行为主体应遵循的具体行为准则，这些准则往往受到行为主体价值观的影响。教学模式在教学实践中展现出稳定性、整体性、概括性、综合性和动态性等鲜明特征。当某一教学模式达到其效能巅峰时，即实现了优化状态。而教学策略一旦融入教学模式的框架之中，便成为驱动模式高效运转的实用操作手册，它不仅引导教学流程的顺畅进行，还促使教学观念的更新,对教学效果与质量产生深远影响。

二、教学模式的特征

教学模式在应对教学过程中的诸多挑战时,发挥着关键的指导作用,助力教师高效实现教学目标、优化教学流程、顺利完成任务,并可能揭示教学内在的部分规律。同时,它清晰地展示了教学过程中各要素的动态关联与整体协同机制。正因如此,尽管教学模式各异,但它们往往共享一些核心特征。

(一)多样性

教学模式的多样性源自其背后的教育思想、认知与学习理论的差异,以及创建者个人思想体系的独特性。同时,各教学模式在静态结构上的要素构成也各有千秋,这些因素共同构成了教学模式丰富多样的基础。

(二)可操作性

教学模式在操作层面是教学环节间的纽带,集教学步骤与方法于一体,既体现教学活动的有序流程,又允许根据教学需求灵活调整环节安排。不同时序的教学环节组合成多样化的教学程序。其可操作性蕴含了具体的操作技能和技巧,是教学理论向实践转化的关键桥梁。教学模式因其可示范、可模仿的特性,广泛应用于教学实践中。

(三)开放性

教学模式是一个持续进化、复杂多变的动态开放体系,开放性特质驱动着它不断地完善与创新。随着教学观念的革新、教学理论的演进以及教学实践的深入,教学模式得以不断优化升级,甚至催生出新的模式。

（四）稳定性

从结构角度分析，教学模式具备完整的框架与运作机制，是教学系统整体效能的集中展现。在空间维度上，它体现为各教学要素间相互作用、相互依存的动态关系。这些要素在教学活动进程中，遵循特定的教育思想和教学理论，共同维持着一种相对稳定的状态。

（五）针对性

每种教学模式都有其特定的适用场景与前提条件，以及独特的作用和效果。若超出其适用范围或条件不足，则难以实现既定目标，这体现了教学模式本身的局限性。

（六）策略性

教学模式相较于教学实践，更侧重于理论与抽象层面，须转化为具体的教学策略与方法方能应用于实践。正是这些策略与方法的多样性、灵活性和创新性，赋予了教学模式源源不断的生命力。

（七）个性化

教学模式的精髓在于展现教学的个性与创造力，这是其迈向卓越的重要标志。缺乏个性与创造，模式将沦为空洞的形式；而个性也须依托模式方能充分展现。模式与个性的和谐共生，不仅最大化地发挥模式效用，更可能催生全新的教学模式。

三、教学模式的构成与类别

（一）教学模式的构成

1. 教学思想与教学理论

教学思想与理论根植于哲学、教育学、心理学、技术学及文化背景等深厚土壤,而教学模式作为它们的实践形态,同样深受这些领域知识的影响。教学思想与理论的不断创新,如同指南针与调控器,为教学改革明确方向、引领路径并调整步伐。

2. 特定目标

人类进行的所有实践活动均旨在达到某一明确目的,教学活动同样遵循这一原则。因此,教学活动所确立的特定目标,构成了教学模式赖以存在的基础与核心,它不仅指引着教学方向,还对其他教学要素起着关键的约束和导向作用。

3. 教学环境

教学环境是一个综合体系,它囊括了为实现教学目标所需的一切资源及其营造的情境,既包含实体的物质空间,也涉及心理层面的认知空间。这一环境深深植根于文化背景与学科基础之中,它不仅是教学模式选择的关键因素,还汇聚了与教学息息相关的各类资源和条件。教学活动,在本质上是学生利用教学环境赋予的条件,对广泛的教学资源进行深入的剖析、归纳与整合,以期洞悉事物的本质规律,进而促进抽象思维能力的成长。因此,教学环境在教育中扮演着举足轻重的角色,它不仅能够加深学生的情感体验,激发兴趣,还能启迪智慧,是教学模式不可或缺的组成部分,同时也是学生汲取知识、提升能力的重要途径。

4. 结构

教学模式的结构,简而言之,是教师、学生、教学内容、教学媒体,以及所采用的技术、策略、方法,结合时间、空间等条件的一种综合布局。它静态地勾勒出实施某种教学理论时,教学活动所必需的核心操作环节。

5. 操作程序

操作程序即教学活动中明确的步骤顺序,类似计算机算法的预设却非绝对固定,须灵活应对教学现场的变化。其核心在于,根据教学内容的不同部分,在时间轴上精心编排教学活动,体现了一种因材施教、随机应变的智慧。正如兵法所云,教学之道亦在灵活多变。简而言之,教学模式的结构是其稳定框架,操作程序则是这框架下的动态运作,二者相辅相成,共同构成了教学模式既稳定又灵活的整体特性。

(二)教学模式的类型

教学模式深受教学思想及理论的引导,不同思想、理论及其解读或流派,孕育出各异的教学模式。模型结构要素间的地位与作用差异,同样催生出多样化的教学模式。此外,教育目标、科技水平、生产力状况、社会需求及研究视角的多元化,也促使教学模式各具特色。不同学科理论更是为教学模式增添了丰富的类别。综上所述,教学模式展现出复杂多变的特性,充满了多样性。

1. 基于学习理论的教学模式

在漫长的人类历史中,通过对学习现象的深入思考与广泛实践,孕育了形形色色的学习理论体系。当前,行为主义、认知主义、建构主义及人本主义这四大学习理论都受到学术界的关注与探讨。这些理论虽各具特色,聚焦于学习的不同维度与层次,但实质上并不相悖,而是相辅相成,共同构成了一个既对立又统一的完整框架,彼此间相互补充,深化了对学习本质的理解。在探索教学模式与学习理论关系的道路上,美国学者布鲁斯·乔伊斯等人的贡献尤为显著。他们系统梳理并归纳了超过20种教学模式,其中尤为突出的四大类包括:以知识获取与认知发展为核心的信息加工类模式;旨在培养社会交往与品质提升的社会互动类模式;关注情感、意志及心理健康发展的个性发展类模式;聚焦于行为习惯塑造与修正的行为训练类模式。此外,还有归纳思维、科学探究、集体智慧激发等多样化的教学模式,共同丰富了教学模式的多样性与实用性。

2. 基于教学论的教学模式

教学论探讨的核心在于明确教学过程中的主体与客体。目前,学界对此有单主体、双主体及主导主体等多种观点。师生在教学中形成既矛盾又统一的关系。随着主要矛盾面的变化,师生的地位、作用及教学方式均会调整,形成了问答、授课、自学、合作、研究等五种教学模式。这些模式各具特色,展现了师生角色动态转换的过程,即教师的主导力渐弱,而学生的主体性日益增强。

3. 基于教育哲学的教学模式

教学模式的差异,归根结底,源于文化背景的不同。若从认识论视角审视,可将其划分为客观主义与建构主义两大教学模式;而从价值观层面考量,则体现为个体主义与集体主义两种模式。这两组分类进一步交织,形成了个体主义—客观主义、个体主义—建构主义、集体主义—客观主义及集体主义—建构主义这四种独特的教学模式组合。

简而言之,个人主义教学模式促进学生自主性和创造力的发展,集体主义教学模式则强化群体意识和合作技能。客观主义教学模式有利于基础知识的扎实掌握和教学效率提升,也利于知识的传承与聚合思维的培养。而建构主义教学模式,常通过发现和讨论的方式,鼓励学生探索未知,激发其发散思维和创新能力。

4. 基于教学活动的性质和组织形式的教学模式

可将这种教学模式划分为四种类型:个体接收型、个体探究型、群体接收型和群体探究型。这种分类源于对客观主义认知观的深入理解,并深深植根于建构主义学习理论之中。当前,现代教学正经历着从客观主义向建构主义学习理论的价值转向。

5. 基于教学角色地位的教学模式

从师生在教学活动中所扮演的角色及其相互作用的差异出发，教学模式可划分为"教师主导型"与"学生中心型"两大类。教师主导型模式显著的优势在于，它能够充分展现并发挥教师在教学中的引领作用，便于教师高效地组织课堂秩序与管理教学活动。然而，这一模式的局限性也显而易见，即容易忽视学生在学习过程中的主体地位，使得学生往往处于被动接受知识的状态，缺乏主动学习的动力与机会，进而难以激发他们的创造力和主动性，对于培养创新型人才构成了不小的挑战。

随着多媒体、互联网等信息技术的广泛应用，一种以学生为核心的教学模式逐渐崭露头角。此模式通过激发学生的内在学习动力，显著提升了他们自主学习的积极性。在这一模式下，学生不仅能够与教师及同伴进行积极的互动与协商，实现协同学习，还能够在精心设计的情境中便捷地获取知识，进一步培养了其主动求知与探索的精神。这种教学模式对于促进学生认知结构的完善与全面发展，具有不可估量的价值。

四、教学模式的演变

任何教学模式都不是一成不变的，它必须随着时代的变迁而不断适应与创新。随着实践问题的日新月异，对教学模式的革新提出了更高要求。这种模式的演变，实则是社会与科学发展的镜像，既是科学进步的产物，也是推动科学持续向前的动力源泉。

（一）教学模式是时代的产物

教学模式的演变始终与当时的生产力、科技及社会发展水平紧密相连，是特定时代社会实践的直接反映。回顾历史，农耕时期因生产力低下，教学条件受限，多采用"口传心授"的传统模式，教师直接传授知识与技能，学生则通过记忆与模仿来学习。进入工业化时代，随着生产规模的扩大和社会化生产的需要，教育转向培养标准化劳动力，教学模式也随之转变为以知识灌输为主。而今，在知识经济与信息社会的浪潮中，得益于高新技术的迅猛发展，教学模式正逐步向探究式学习转型。这一过程清晰地揭示了生产力与科技进步对教学模式发展的深刻影响与制约作用。

（二）从以知识传输为主到培养学生的创新思维

传统教学模式侧重于单向知识传授，教师居于主导地位，而学生则处于被动接受状态，这忽视了学生在学习中的主体地位，限制了其创造性思维的发展。近半个多世纪以来，随着教育思想的多元化发展，国内外涌现出众多新颖教学模式，如活动式、愉快式、主体性、自学辅导式、探究研讨式等，这些模式均体现了素质教育理念，致力于提升学生的学习主动性与综合能力。

（三）素质教育模式有利于发挥学生的创造性

相较于传统教学模式，基于素质教育理念的现代教学模式在激发学生的创造力方面具有显著优势。这些模式深刻践行了"学生为中心，教师为引导"的素质教育原则，致力于培养学生的创新能力，与时代的精神内核高度契合。我国教育界泰斗何克抗教授所倡导的，是一种融合了教师主导作用与学生主体地位，强调自主学习、探究精神与合作能力的全新教学模式，它正引领着我国教育改革向素质教育目标迈进。同时，现代教育技术的飞速发展，为构建此类新型教育模式提供了坚实的技术支撑，成为推动教学模式创新与变革的关键力量。

一种新兴的教学模式初露端倪时，往往难以被立即洞悉其全貌，其内在的理论架构与具体内容仿佛笼罩在一层朦胧的面纱之下，仅隐约展现出整体的轮廓。然而，随着该模式在教学实践中的频繁应用，它会逐渐吸纳各类知识与技能，自我完善，直至在研究者们的精心提炼与总结下，蜕变成为一种成熟的教学模式。回顾过往经验，我们不难发现，人们在探索、借鉴乃至运用新教学模式的过程中，往往会遵循一个从广泛学习、个别尝试模仿，到灵活自如运用，最终实现创造性发展的自然轨迹。这一过程深刻揭示了教学模式的发展，实质上就是其不断被应用、推广与普及的过程，而非先有完美无缺的模式，再行推广之道。

迈入现代社会的门槛后，工业文明犹如一列高速行驶的列车，短短数百年间累积的财富与科技成果，便超越了以往数千年文明的积淀，推动人类文明跨越了工业文明的阶段，迈入了一个前所未有的新时代——信息技术与知识经济并驱的时代。这个新时代的到来，不仅深刻重塑了人类的生产方式，还渗透至生活的每一个角落，乃至影响了人们的学习与思维模式。这是一场历史性的变革，既是前所未有的机遇，也伴随着新的挑战。简而言之，人类社会发展的轨迹，正是人类文明不断演进的历史篇章。从农业社会到工业社会，再到如今的知识经济社会，人类依次经历了农业文明、工业文明，直至当下的信息文明，每一次跨越都标志着人类文明发展至新高度。

回溯至19世纪之前，文明中的大众仍沉浸于原始农耕的生活画卷中，依赖简陋的工具，维持着家庭自给自足的自然经济状态。然而，自19世纪科技浪潮席卷而来，人类社会便踏上了前所未有的繁荣之旅，这股势头穿越世纪门槛，直至21世纪仍未见丝毫减缓，引领人类迈向了发展的新高峰。审视人类文明的长河，不难发现，每个时代都镌刻着独特的印记：在农业社会，农作物经人工选育而大幅改良，广袤大地遍布人工耕作的痕迹，成为该时代的鲜明标志；步入工业社会，蒸汽机轰鸣与电力的广泛应用则成为了无可争议的里程碑；而今，在知识经济与信息技术主导的新时代，计算机与网络技术的普及，更是无处不在地彰显着这个时代的独特风貌。

在人类文明的长河中，文字的创造与印刷术的兴起，犹如两座巍峨的里程碑，深刻改变了教育领域。文字的诞生，让书写与书籍成为教育不可或缺的手段与媒介；随后，印刷术的发明则极大地加速了文化的传播速度，为教育的广泛普及奠定了坚实的基石。

自20世纪90年代起，信息技术的飞跃不仅为教育技术发展铺设了坦途，也反受其促，携手并进。这一变革力量深刻重塑了人类的生产、生活、学习、思维及交流模式，英语教育模式亦不例外。历经教育界的深入探索与实践，混合教学模式凭借其独特优势，在信息化网络教学的浪潮中崭露头角，预示着未来教育的重要发展趋势。

1. 传统教学模式

教师在缺乏现代教学工具的传统教室环境中，通过面对面授课、解答疑惑、组织测验等多种方式进行教学活动的实践。

2. 网络教学模式

在网络环境中，教师运用现代教育技术，以学生为核心开展教学活动。

这要求教师预先上传教学材料或进行直播授课，并辅以在线答疑、网络测试与自动阅卷等支持性教学活动。

3. 混合教学模式

混合教学模式巧妙融合了传统面授课程与新兴网络课程的优势。它让学生能随时随地、按需学习在线内容，享受自主学习的便利；同时，也保留了与教师面对面交流的机会，确保教师在学习过程中的指导和辅导作用得以充分发挥。

混合教学模式应当融合现代信息技术的多样性与传统教学模式的精髓，将传统"教师主导、学生被动接受"的模式转变为一种以学生为中心的主动学习模式，这种模式以计算机、网络、教学软件、课堂实践及综合应用为核心，辅以课外自主复习与探索。在学习过程中，学生不仅能够充分利用混合教学教室的丰富资源，还能在网络环境中自由探索，更可通过 DynEd 这一先进的网络教学系统，进行个性化的英语听说强化训练。DynEd 系统凭借其前沿的语音识别技术，提供了包括随机朗读、模拟对话、高级听力训练、商务英语实践及影视英语学习在内的多元化课程。尤为值得一提的是，该系统能智能评估学生的发音与语法准确性，这一功能极大地促进了学生的自主学习效率，因为它解决了以往自主学习中难以及时发现并纠正错误的难题，避免了学生在无意识中重复错误练习的情况。

通常而言，在听力、口语、泛读、精读、写作及翻译等教学领域中，混合式教学结合面对面授课的方式能取得更佳效果。为了确保每个学生都能与教师有充分的互动，混合面授教学最好采用小班制，学生人数控制在 30 名左右。

混合教学模式能否顺利实施并取得成功，其核心要素在于是否拥有一个高效、适配的软件管理平台。如果缺乏这样的技术支持平台，想要全面追踪学生的学习进展、深入了解其学习状态，并据此提供个性化的指导，将变得极为困难。而这种师生间紧密联系的缺失，正是影响教学效果达成的关键障碍。当前，混合教学模式已成为全球顶尖教育机构和权威教育专家深入探索的热点议题。例如美国的"Work Learning Research"与"Learning Solutions Alliance"等教学研究机构，斯坦福大学的费尔·胡伯特教授，以及德国图宾根大学的库尔特·科恩教授等，均在这一领域展开了广泛研究，并取得了显著成果。此外，众多教育机构如 TELOS 语言实验室、德国歌德学院等，也纷纷推出了混合教学的具体实施方案。值得一提的是，2003 年和 2004 年的欧洲 EUROCALL 研讨会更是直接将"混合教学的实施"作为核心议题。

混合教学模式的典型框架融合了教师的面对面授课与课堂互动，以及学生的计算机自主学习环节。在此模式下，学生遵循教师的指引和课程进度安排，每日均可访问多媒体语音实验室进行个性化学习。教师则根据学生的英语能力水平，灵活地将学生分组，形成多个学习小团体。这些小组在教师的策划下，定期举办英语交流活动，让学生在面对面的沟通中实践并强化计算机学习中的语言知识，同时鼓励他们将所学融入日常生活与学习体验中，真正实现知识的活学活用。

在混合式教学模式的框架下，学生的学习路径变得多元且灵活，他们不仅能够在自主学习中深化理解，还能直接获得教师的个性化面授与指导，甚至享受到一对一的精准辅导。众多学生反馈显示，这种教学模式显著提升了他们的学习成效与满意度。尤为值得一提的是，该模式还巧妙地利用了网络学习的独特优势，允许学生根据个人兴趣自由探索线上资源，因为兴趣往往能成为最强大的学习驱动力。综上所述，我们有充分的理由相信，混合式教学模式不仅是英语教学实践中的一股有效力量，更有望为教育技术的研究与普及开辟出更加广阔的天地。

第二节　大学英语教学模式的创新策略

一、传统英语教学模式

传统英语教学模式的局限性，在一定程度上限制了学生学习潜力的释放,具体体现在以下几方面:①学习环境与教学环境单一化,教学过程往往按部就班,缺乏灵活性与创新性;②教学重心过度偏向教师,学生则处于被动接收信息的状态,缺乏主动性;③在教学方法方面,将生动的语言割裂为孤立的词汇、语法及惯用语等,忽略了语言的整体性和应用性;④教学重心过度集中于课堂之内,忽视了课外学习与实践活动的重要性;⑤师生之间交流匮乏,即便存在交流也常局限于狭窄范围,难以形成深入互动。综上所述,现行的大学英语教学模式显然已难以满足现代社会的快速发展需求,迫切需要进行深刻的改革与创新。

教学模式的转型可从五大维度着手:①更新指导思想和教学观念,由单纯的知识传授转变为注重学生综合能力的培养;②须调整教学目标与评价体系,明确以提升学生交际能力为核心教学目标;③教学方法须深化改革,从教师主导的"教"转向引导学生自主学习的"学";④应广泛吸纳先进教学手段,除传统的"书本+黑板"外,充分利用多媒体与信息技术丰富教学手段;⑤教学理念应实质的飞跃,从单纯的"语言技能"学习提升至"跨文化交际"能力培养的高度。

二、高校英语教学模式的改革策略

(一)坚持用英语组织教学的模式

高校英语教学强调其实践性质,因为运用英语本身便是一种实践行为,故而在教学中采用英语授课,实质上直接体现了课程的实践特性。本课程独特之处在于,它不仅将英语视为教学内容,更将其视为教学媒介,这一点显著区别于其他仅将英语作为教学语言的课程。其核心目标并非单纯传授英语知识,而是致力于提升学生的英语运用能力。正如迈克尔·韦斯特所警示的，语言教学中一个普遍而有害的倾向是教师讲得过多，试图通过讲解代替学生的学习实践，最终却可能导致学生收效甚微。奥托·叶斯柏森则强调，教好英语的关键在于增加学生接触和使用英语的机会。确实，只有当教师坚持用英语进行教学时，才能为学生提供丰富的语言输入，这对促进学生的语言输出，即实际运用能力的提升，具有极其重要的作用。

（二）以学生为中心的教学模式

传统教育模式聚焦于教师的教，而新兴的教学模式则更加关注学生如何学习，它珍视学生既有的学习经验和知识储备，致力于构建贴近现实需求的语言环境，确保教学活动紧密围绕学生的实际需求展开。在这一过程中，教师的角色发生了深刻转变，他们不再仅仅是知识的传授者，而是转变为引导学生高效学习的关键人物。因此，以学生为中心的教学模式绝非削弱了教师的地位；相反，它更加凸显了教师在促进学生自主学习中的核心作用。教师现在需要扮演多重角色：他们是学生的激励者，激发学生的内在动力；是合作者，与学生共同探索学习之路；是建议者，为学生提供有价值的学习策略；是帮助者，在学生遇到困难时给予及时支持；是共享者，与学生分享学习资源和成果；也是评价者，客观评估学生的学习进展。只有当教师充分履行这些新职责，扮演好这些新角色时，才能有效帮助学生树立起自主学习的信心，培养良好的学习习惯，进而实现英语水平的真正提升。

当然，这并不意味着教师须扮演"保姆"角色。相反，教师应尤为注重直接指导的适度和适量，力求将这种引导融入前期的教学规划与后期的总结反思之中。以学生为中心的教学模式，其优势显而易见：首先，它能充分挖掘学生各方面的潜能，特别是自主学习与创新能力。其次，师生双方都能更聚焦于社会及学生的实际需求，而非单纯满足教学需求。再次，为准备一堂高质量的课程，教师须搜集远超传统课程的资源，这一过程无形中推动了教学资源的丰富与教学方法的快速迭代。此外，学生得以在更多样化的英语实践中锻炼，这对于其交际能力的提升至关重要。同时，该模式促进了学生间的交流与合作，有助于他们形成积极的学习态度、拓宽学习路径，并学会人际关系的处理技巧。最后，和谐的师生关系、良好的学习氛围及积极向上的精神面貌，共同推动了英语学习的良性循环。

（三）文化导入的教学模式

长期以来，我国的英语教学未能充分融入与英语紧密相关的社会文化元素。这导致许多学生尽管词汇量丰富，语法精通，但在实际交流中却显得力不从心，形成了所谓的"哑巴英语"现象。即便他们的英语口语在语法和词汇上无误，也常因缺乏文化敏感性而陷入中国式英语的尴尬境地。正如麦克·拜拉姆所言，学生难以轻易脱离自身文化背景，直接掌握另一种文化，这强调了跨文化理解的重要性。

因此，我们须深刻认识到语言不仅是信息传递的工具，更是文化传承的媒介。语言与文化紧密相连，其背景、情境与内容无不蕴含着深厚的文化内涵。语言交际能力不仅仅关乎词汇与语法的掌握，更涉及对社会文化各层面的深刻理解。故而，英语教学须双管齐下，既在语言教学中融入文化元素，又在文化背景下教授语言技能。文化导入的教学模式正是为增强学生语用能力与跨文化意识而量身打造的教学方法。

在文化融入的教学策略下，语言与文化的教学紧密交织，共同构成了一个不可分割的整体。教师会依据教学目标，紧密结合课程内容，系统地为学生揭示英语国家丰富的文化背景，涵盖政治、经济、历史、地理、教育体系、文学艺术、社会体制、日常生活、地域风情、传统习俗及民族特色等多个维度。面对文化差异显著的亮点，尤其是那些易于引发误解或笑料的方面，教师会特意挑选出来加以强调，通过鼓励学生自主探究与小组讨论的方式，不仅加深了学生对文化异同的直观感受，还极大地促进了他们对文化共性与差异性的深刻理解，有效提升了学生的文化敏感度和跨文化交流能力。

（四）多媒体教学模式

传统的英语教学往往局限于教师单一地依据教材进行口头讲解和板书展示，这种教学方式显得较为乏味且手段有限。而多媒体教学模式则通过运用计算机技术和丰富的多媒体课件，构建了一个更为生动、引人入胜的教学与学习空间。在这一模式下，教师能够采用图像与文字并茂的方式展示教学内容，多样化的信息输入途径和形式，使学生获得更加深刻的学习体验，从而增强了记忆效果。同时，听、说、读、写、译等各项语言技能在这种教学模式下得到了统一训练，不再孤立分割，不仅提高了学习效率，还促进了这些技能之间的融会贯通，使学生在实际运用中更加游刃有余。此外，多媒体教学利用真实或接近真实的材料和场景，具备可重复利用、资源共享等优势，确保了教学的有效性和高效性。

相关研究显示，多媒体教学模式显著丰富了英语输入的渠道，不仅极大地提升了学生的学习兴趣，还在客观上优化了他们的学习成效。特别是当多媒体教学与交际法教学相结合时，其效果更为显著。这种综合教学模式通常涵盖问题引入、课文精读、小组讨论、实战演练及总结评价五个关键环节。在整个教学过程中，学生始终处于核心地位，活动设计紧密围绕他们的需求展开，从而构建一个利于语言交际的环境。通过这种模式，学生的想象力得以充分激发，其实践操作能力和创新思维也得到了有效培养。教师在这一过程中扮演了至关重要的角色，他们通过精心组织与巧妙引导，确保每位学生都能拥有足够的活动时间和空间。

其中，问题导入须贴近学生实际，选取他们熟悉的话题或情境。学习课文时，要引导学生探索文化背景，并善用多媒体，让学习内容更加直观生动，同时巧妙设问促进课堂讨论。演练环节则通过角色扮演等方式实践所学词汇与表达，以加深理解和记忆。评价总结阶段应鼓励学生互评与自评，教师则进行个别指导和总结性反馈。

各种英语教学模式应相互补充而非对立，须根据具体情况灵活选择或融合应用。总之，为达到优质教育效果，须全面考量教师、教材、理念、手段等多方面因素，其中提升英语教师素质尤为关键。改革是渐进的历史进程，非一朝一夕之功，故英语教学模式的改革之路既漫长又充满挑战。

第三节 英语"分级制"教学模式现状及优化策略

长期以来，我国经济发展深受城乡二元结构影响，这种差异也映射在教育领域，特别是教育资源分配不均，造成了城乡及地域间教育质量的显著差异。具体到英语教学方面，由于中学阶段教育质量的不均衡，高校内学生间的英语基础知识与能力呈现出明显的层次化现象。传统的班级授课制在面对学生间广泛的个体差异时显得力不从心，难以保证普遍的教学效果。针对这一现状，众多学校开始积极推广分级教学模式于英语教学中，该模式旨在根据学生个体的英语水平差异进行精细化教学。此举不仅旨在强化英语基础扎实学生的优势，同时也为英语能力较弱的学生提供了更加个性化、高效的学习路径，以帮助他们有效提升英语水平。

尽管学校已广泛实施英语课程分级教学，但受限于评价体系缺失、师资水平参差不齐等因素，其实践与研究成果仍显不足，教学体系尚需健全。因此，深入分析高校英语分级教学的现状，细致探讨其流程与操作模式中各要素的利弊，对指导未来英语教学实践具有重要意义。

一、英语"分级制"问题分析

（一）师生认识问题

众多高校师生对分级制度的理解尚显片面，他们误以为英语分级教学的核心目标是提升英语等级考试的通过率，这实质上仍局限于传统应试教育的思维定式之中。如此视角之下，英语教师往往难以跳出知识灌输者的角色，难以将教学重心转向培养学生能力、满足其专业需求及关注个性差异上。同时，这也限制了教师对教材的深度剖析与研究，以及对学生自主学习提供恰当且必要的引导。

（二）学生心理问题

各所学校由于生源构成的多样性，学生之间的英语基础水平参差不齐，他们对英语学习的期待值也各异。一方面，有学生满怀热情，对英语课程抱有浓厚兴趣，期望能在英语应用能力上实现显著提升；另一方面，也有学生对英语心生畏惧，即便在不得不学的情况下，也难免产生抵触情绪。若对此类差异视而不见或处理不当，不仅会挫伤积极学习者的热情，还可能使本就畏惧英语学习的学生陷入更加不利的境地。然而，在探讨分级教学模式的广泛应用时，我们也须警惕其潜在问题。分级教学虽侧重于因材施教，但教师可能会过度聚焦于某一层次学生的快速提升，力求在短时间内高效实现学习目标，从而忽略了学生在学习过程中可能经历的心理起伏。这种倾向可能导致教师对学生在情感关怀上的缺失，特别是对于那些处于"较低级别"的学生,他们的自尊心、学习信心及积极性可能会因此受到进一步打击。

(三)教材选择问题

尽管英语分级教学已初具规模,但相关教材的开发却明显滞后。我国英语教材种类繁多,却普遍缺乏层次划分和针对性,过于偏重读写而忽视听说,难以适应分级教学的需求。许多学校仍沿用统一教材,仅通过调整教学重点和进度来区分级别,这迫使教师在授课前须自行调整教材内容以适配学生。鉴于自行编纂高质量教材耗时费力,加速推进符合分级教学特点的教材研发已成为当务之急。

(四)师资队伍问题

教育部为普通高校设定的理想师生比为1∶18,然而,近年来,随着高等教育的快速扩招,学生数量急剧增加,导致实际师生比远远超出了这一标准,特别是英语学科的教师配置更显不足。此外,英语教师队伍的学历结构也存在问题,这在一定程度上限制了英语教学质量的提升。分级教学模式下,学生被细分至不同级别及班级,班级规模相对较小,但在教师资源紧张的背景下,许多英语教师不得不跨班级教学,工作负担沉重,难以抽出足够时间专注于个人专业成长和教学研究工作。

(五)管理体制问题

实施英语分级教学模式,实则是一项错综复杂且全面的系统工程,它向学校的教学管理水平发起了严峻挑战。首要之务,该模式要求对传统行政班级结构进行细致重构,这意味着同年级同专业的学生将被重新编排,唯有依托更为高效、有序的学生与教学管理体系,方能有效规避此过程中可能引发的管理混乱。其次,在课程编排层面，分级教学势必打破原有的学生管理格局，进而对英语课程的安排造成深远影响。其时空上的特殊需求，易与其他专业课程产生冲突与交叠，为整体课程排布增添了诸多难题与挑战。再次，不同级别间的动态调整机制亦是教学管理部门必须直面的关键问题。鉴于学生学习能力的个体差异，有的学生能在低级别中迅速成长，而有的高级别学生却可能遭遇学习瓶颈。因此，如何基于学生的个人意愿与实际情况，灵活调整其级别，不仅考验着学校的教学管理能力，也对学生评价体系的建立提出了更高要求。唯有不断提升这些方面的能力与效率，方能确保英语分级教学模式的顺利实施与持续优化。

二、高校英语"分级制"教学的优化策略

（一）对教学分级方式进行优化

在对学生进行英语分级时，学校应秉持全面而细致的原则，将学生视为分级过程的主体，深入洞悉其学习层次与个性差异，以确保分级工作既合理又科学。首要之务，是充分尊重并激发学生的自主性，通过赋予学生更多选择权，同时以实际英语水平为分级核心依据，提前向学生明晰各级别的教学目标与内容，帮助其基于自我认知做出准确判断，主动选择契合自身需求与实际的层级。此举亦能有效缓解低级别学生可能产生的负面情绪，营造积极向上的学习氛围。其次，学校应强调分级的灵活性与动态性，让学生明确分级非固定标签，而是伴随学习进步可调整的过程。为此，须建立灵活调整机制，以月度或学期为周期，依据学生学习进展，提供层级转换的机会，既激励高层次学生持续奋进，也鼓舞低层次学生迎头赶上。这要求学校与教师密切关注每位学生的学习动态，采用动态分

级策略,确保每位学生都能在最适合自己的层级中成长。最后,教师作为分级教学的关键角色,应秉持无偏见的态度,对各级别学生一视同仁,给予同等的关爱与鼓励。教师应善于发掘并培养学生的独特优势与潜能,通过个性化教学策略,增强学生的学习信心,促进每位学生在英语学习上的全面发展与提升。

(二)对英语教学内容进行优化

1. 课程设置的优化

在推进学生英语水平分级的基础上,学校和教师应紧密结合英语教学目标,精心规划英语课程体系,将其科学划分为两大递进层次:必修课程与选修课程。具体而言,必修课程阶段,通常覆盖第一至第二学年,旨在构建学生坚实的英语基础,全面涵盖听力、口语、精读、翻译及写作等核心技能,并通过每学期末的考核检验学习成效。对于在必修课程中表现卓越的学生,应鼓励他们根据自身兴趣与能力,自主迈向选修课程阶段的学习之旅。进入选修课程层次的学生,不仅拥有扎实的英语功底,更怀揣对英语学科的深厚热情。这一阶段,课程安排通常设于第三、四学年,紧密贴合学生的专业需求与兴趣导向,灵活设置如"法律英语""商务英语"等具有鲜明专业特色的课程模块。这些课程不仅深化了学生的英语应用能力,还巧妙融合了专业知识,旨在培养既精通英语又具备专业素养的"复合型人才",为实现新时代教育目标——即培养全面发展的复合型人才——贡献积极力量。

2. 教学内容的优化

合理编排教学内容,是实现分级教学目标不可或缺的关键环节,它要求针对不同层级的学生量身定制教材与教学内容。首先,须精准聚焦教材精髓,如深入剖析"高频词汇"等核心内容,同时融入语言教学的社会维度,利用真实语境创设动态教学场景,让学生在掌握语言功能与结构的同时，有效提升语言运用能力，实现学以致用。其次，审慎筛选教材内容至关重要。鉴于英语教学时间的宝贵性，我们必须有所取舍，避免泛泛而谈，采用"精简高效"的原则，剔除冗余信息，将宝贵的教学时间聚焦于夯实学生的英语基础与提升关键技能上，确保每一分钟都发挥最大效益。最后，积极拓展与大学生专业素养及创新能力相契合的教学内容同样不容忽视。这类内容旨在培养学生的英语使用习惯与思维模式，激发其自主学习动力，不仅关乎语言能力的提升，更关乎学习情感的培育与思想品德的升华。通过此类教学，引导学生树立终身学习理念，促进个人全面发展，为成为具有国际视野的高素质人才奠定坚实基础。

（三）对英语教学方法进行优化

我国高校英语教学普遍沿用传统的班级统一授课模式。为优化教学效果，依据分级教学理念，学校与教师须针对不同水平的学生群体，量身定制教学内容，并灵活采用多样化的教学方法。唯有如此，才能确保教学方法与学生实际水平相匹配，从而有效提升教学质量。

1. 自主学习模式

自主学习模式，简而言之，是在明确的学习目标指引下，学生依据个人实际情况，在教师的适当指导下，自主挑选学习材料与方法的学习方式。此模式显著强化了学生的主体地位，使学习过程更加个性化。鉴于英语学科具有较强的实践性，该模式能有效促使学生将英语学习转化为内在动力，形成自发的学习习惯。此模式倡导教师在精讲核心要点的基础上，更多地激发学生的自我学习动力，这对于充分挖掘学生的个人潜能具有积极作用。

2. 合作学习模式

合作学习是一种教学模式，它在班级内部组建多个小组的基础上促进教学过程中的互动与合作。在评价时，不仅重视每位学生的个人学习成效，也兼顾整个团队的综合表现。对于英语水平中等或稍逊一筹的学生而言，他们通常渴望进步，学习方法与效率处于中等水平，但可能缺乏持续学习的坚韧性。这些学生已经掌握了一定的英语基础知识，但尚不具备深入理解更复杂内容的能力。引入合作学习模式，能为他们提供更多将英语知识付诸实践的机会。通过小组内的相互交流与协作，不仅能促进他们的智力发展，还能促进他们的意志力、沟通等非智力因素有所提升，进而在巩固既有知识的同时，探索并吸收新知识。

3.采用讲授教学模式

对于那些英语基础薄弱、对英语兴趣不浓厚、尚未找到合适学习方法且学习效率低下的学生而言，首要任务是扎实他们的英语基础知识。采用讲授式教学，能够帮助学生迅速构建起对英语课程知识体系的整体认知。然而，鉴于讲授式教学可能带来的学生被动接受、缺乏互动等弊端，教师在教学时应着力避免这些问题。具体而言，教师应持续提升课堂管理与教学材料整合的能力，力求让讲授过程既生动有趣又有实用性，以此激发学生的学习兴趣，进而达到更好的教学效果。

（四）教学评价的优化

教学评价，简而言之，是基于既定客观标准，通过收集并分析相关信息，采用科学方法，对教学过程中师生的表现及成效进行价值评估的活动。与传统教育模式不同，在英语课程的分级教学模式下，教学评价须贯穿于教学的每一个环节。分级教学的首要步骤是对学生英语水平与能力进行全面了解，这一过程本质上属于诊断性评价。通过这样的评价，教师能够准确把握学生的英语现状与学习需求，明确其学习起点，进而科学地将学生分配到相应的级别中，确保大学英语教学更具实效性和针对性。

评价主要分为两类：形成性评价与终结性评价。形成性评价贯穿教学过程，旨在监控学生的学习进程，及时收集反馈，帮助教师调整教学策略，同时也作为学生层级调整的依据。

学期或学年结束时，学校和教师应针对分级学生实施终结性评价，全面审视学生的学习表现。这包括教师评价、学生自我评估及同学间互评等多种方式，以综合反映学生的学习成效。

学校应基于自身定位，兼顾生源差异与英语教学目标，确立英语分级教学的原则与方法。合理设计分级模式，为实施分级教学提供明确路径，并确保其顺利执行得到有力支持。

第五章　大学英语教学模式的改革创新

第一节　大学英语教学模式改革的理念

建构主义理论的核心在于将学生置于学习的中心舞台。在这一理论指导下构建的学习环境，鼓励学生通过"发现""探索"及"合作"等主动学习方式，来深入理解和掌握学科知识，这些方式构成了以学生为中心教学模式的基石。现代信息技术的飞速发展，如多媒体技术、计算机技术和互联网技术等，为建构主义学习理论的实践者提供了构建理想学习环境的强大工具，它们在促进学生认知能力提升方面展现出了非凡的成效。随着这些技术在教育领域内的广泛应用，建构主义学习理论正日益彰显其深远的影响力和蓬勃的生命力。

在20世纪90年代，建构主义理论之所以能迅速风靡并深入人心，根源在于现代信息技术的蓬勃发展及其在教育领域的全面渗透。这一技术革新不仅为建构主义学习环境的搭建铺设了坚实的物质基础，还极大地丰富了教学手段与资源。同时，建构主义理论自身的深厚底蕴，为现代信息技术在教育教学中的广泛运用提供了坚实的理论支撑，从而催化了以学生为中心的教学模式的蓬勃兴起。在建构主义教育理念的引领下，信息技术与学科教学实现了深度融合，构建起一种全新的教学模式。多种信息技术手段，如同魔法般，成为塑造理想教学场景、激发学生自主学习潜能的得力助手，它们在各个学科的教学实践中被广泛运用，并取得了显著成效。这一融合不仅促进了教学要素、环节与资源的重新整合与优化配置，更从根本上提升了教学质量，引领了传统教学模式的深刻变革。近年来，我国众多学者对建构主义教育理论进行了深入而系统的探索与研究，他们的努力不仅加深了对这一先进教育理念的理解与掌握，更为推动我国教育从应试模式向素质教育模式的全面转型贡献了不可磨灭的力量。

与此同时，众多一线教育工作者积极拥抱建构主义教育理念，开展了丰富多样的实践尝试与深入探索。基于建构主义教学思想的教育技术实验项目在全国范围内遍地开花，不仅在教育界赢得了高度评价，也赢得了社会的广泛认可。然而，建构主义的教育理论仍须在我国独特的文化教育土壤中进行更为深入的实践检验与持续优化，以确保其适应性与有效性。因此，我们有必要对这一教育理论进行全面而细致的总结与剖析，探讨如何更加精准地将建构主义精髓融入我国教育改革的具体实践中，革新传统教学模式与人才培养路径，从而加速推动我国教育改革的步伐，迈向更加辉煌的明天。

一、建构主义的思想渊源

建构主义学习理论并非无源之水、无本之木，它实际上是行为主义理论向认知主义迈进的又一重要里程碑。行为主义秉持的观点是，学习乃是通过反复强化训练，在刺激与反应间构建起稳固联系的过程，强调教师作为知识传递者的角色，学生则扮演被动接受者的角色，对知识的理解须与教师保持一致。相比之下，信息加工的认知主义理论则迈出了一大步，它开始聚焦于探索学生内在的认知机制，揭示了学生既有知识与经验在接纳新知识过程中的关键作用与深远意义。然而，尽管信息加工论认识到了这一点，它仍未完全摆脱行为主义的某些局限，即预设了信息或知识的预先存在性，认为这些客观存在的学习材料须先被学习者接纳，方能进行后续的认知加工。值得注意的是，尽管信息加工论在一定程度上肯定了既有经验对新知学习的促进作用，但它仍倾向于将这一过程视为一种单向的、线性的影响，而非新旧知识间复杂、动态的双向互动。基于此，认知主义指导下的教育理论便聚焦于帮助学生将外界既存的客观知识内化为个人的认知结构，却未充分展现学习过程中学习者主动建构知识体系的完整图景。综上所述，建构主义学习理论正是在此基础上进一步突破，强调学习是一个学习者基于自身经验，通过与环境的持续互动，主动建构知识意义的过程，从而实现了对学习本质更为深刻与全面的理解。

实际上，建构主义理论的雏形早已深深植根于认知主义先驱皮亚杰的深刻思考之中。皮亚杰独到地指出，知识的源泉既非单纯源自认知主体内部，亦非完全外在于客体世界，而是在主体与周遭环境持续不断的交互作用中，逐渐构建并深化了对外部世界的认知理解，这一过程同时促进了主体认知结构的不断进化与完善。个体与环境的互动，其核心在于"同化"与"顺应"两大核心机制的交替运作。具体而言，同化是指个体主动将外部环境中的信息元素吸纳并融入其既有的认知框架（或称"图式"）之中。这一过程犹如将新鲜养分注入生命之树，使认知结构的广度得以拓展（即图式扩充）；而顺应则发生在外部环境发生显著变化，既有的认知图式难以直接整合新信息之时，它促使个体对原有的认知结构进行深刻的调整与重构，以适应新环境的挑战，这一过程标志着认知结构本质上的飞跃（即图式改变）。由此可见，同化与顺应作为相辅相成的两种力量，共同驱动着个体认知结构的动态平衡与持续发展。个体正是通过不断地同化新信息、顺应环境变化，实现了与周围世界和谐共生的智慧成长。

在20世纪70年代末，美国教育心理学领域的先驱布鲁纳，率先将苏联著名教育心理学家维果茨基的学术思想引入美国，此举极大地加速了建构主义理论体系的成长与繁荣。维果茨基深刻指出，个体的学习历程是深深植根于特定的社会文化土壤与历史脉络之中的，社会作为一个整体，不仅为个体高级心理功能的孕育与发展提供了肥沃的土壤，更是其不可或缺的推动力量。他尤为重视活动与社会互动在塑造人类心理发展轨迹中的核心作用，强调人的高级心理能力并非孤立存在，而是源自外部实践活动的内化过程。这一过程不仅限于课堂教学，还广泛涵盖日常生活中的游戏、劳动等多种活动形式，它们共同促进了心理机能的深化与成熟。此外，维果茨基还提出了一个独特的视角，即内部智力活动能够反向作用于外部世界，通过实际行动得以展现，使得主观思考得以在客观现实中留下痕迹。在这一内化与外化相互转化的过程中，人的活动成了两者间不可或缺的桥梁，既促进了知识的内化吸收，也实现了智慧的外在表达。上述这些深刻见解，无疑为建构主义理论注入了新的活力与深度，对其后续的发展产生了深远的影响。

基于上述丰富的哲学、心理学及教育学理论基石，建构主义构建了一种与传统客观主义迥异的"主观主义"色彩鲜明的理论框架。它主张知识的意义并非客观存在、静待发现，而是由人的主观能动性积极建构而成，因此，知识无法脱离认知主体的背景而独立存在。进一步地，该理论认为，人们总是依据自身既有的知识框架和生活经验去解读现实世界中涌现的新事物与新体验，这意味着客观世界并非认知的唯一决定因素。此外，由于每个个体所持有的知识与经验千差万别，即使是面对同一新事物，也可能产生大相径庭的理解与诠释。基于此，学习不仅仅是个体内部主动且积极的意义建构过程，更是一个涉及社会互动的复杂活动。在教学过程中，教师的角色不再是单纯的知识灌输者，将知识从外部强加给学生，而是转变为引导者，帮助学生从自身已有的认知基础出发，通过探索与创造，构建出属于自己的新知识与新经验。这一过程往往需要借助社会共同体的力量，通过成员间的相互交流与协作来实现。

二、建构主义学习理论的不同取向

建构主义本质上并非一个单一的学习理论流派，而是汇聚了众多学习理论流派思想精华的一种广泛而深邃的学习理论思潮，且这股思潮正持续扩展其影响力，展现出蓬勃的发展态势。它不仅与心理学紧密相连，更跨越至哲学、文化学及教育学等多个学科领域，形成了一种跨学科的思潮。因此，学术界对建构主义进行了分类，有将其细分为哲学、社会学及教育学建构主义等不同面向；也有学者依据其理论对传统观念的偏离程度，划分为激进与温和两大阵营。在教育心理学领域内，更为主流的分类是将建构主义划分为认知建构主义与社会建构主义两大流派。前者，也常被称作个人建构主义，其核心在于强调个体在知识构建过程中的主体地位与自主作用；而后者，或称文化建构主义，则侧重于揭示社会互动、历史背景及文化因素如何深刻影响着个人知识的构建与发展，凸显了社会环境在知识建构中的不可或缺性。

在教育领域当前的建构主义思潮中，对教育理论与实践产生显著影响的四大流派尤为突出。

（一）激进建构主义

在皮亚杰的理论基石之上，建构主义得以蓬勃发展，其中，冯·格拉塞斯费尔德与斯泰费作为代表人物，引领了激进建构主义的风潮。这一流派秉持两大核心原则：其一，知识并非单纯经由感官被动接受之物，而是认知主体基于新旧经验的交织互动，主动构建而成的智慧结晶。其二，认知的首要任务，并非探寻那超脱于主观之外的、本体论层面的绝对现实，而是促使个体不断调适自我经验世界，使之成为一个有序、高效的组织体系。激进建构主义者深信，世界的本质面貌远超人类认知之限，且追求此类认知实属无谓之举；我们所应珍视与把握的，唯有通过经验累积而成的认知图景。冯·格拉塞斯费尔德进而提出，应摒弃传统中过于理想化的"真理"概念，转而采用更为务实、直观的"生存力"作为评价标准。在他看来，一种知识若能有效解决现实问题，或能为经验世界提供逻辑严谨、自洽的解释框架，那么它便具备了"生存力"，即实现了其应有的价值。如此，我们便无须再执着于追求经验与外在客体之间的绝对一致。为了应对日益丰富的经验，个体的认知结构会不断扩展与调整。知识正是在个体与周围环境的互动中逐渐构建而成的，这一过程深深植根于个体的认知活动之中。激进建构主义在此基础上，尤为深入地探讨了概念如何形成、组织并转变，其研究深度在建构主义理论中独树一帜。然而，它主要聚焦于个体与物理环境的交互作用，相对忽视了学习过程中的社会性维度。

（二）社会建构主义

社会建构主义，以维果茨基学说为根基，并由鲍尔斯费尔德与科布等学者为代表，与激进建构主义持不同见解。它同样对知识的绝对确定性和客观性保持审慎态度，承认所有认知均带有局限性，无绝对无误之论,但其立场相较于激进建构主义略显温和。社会建构主义坚信,世界作为客观实体,对每位探索者来说具有共通性。知识是在广泛的人类社会活动中构建,并持续经历着变革,力求贴近世界的真实面貌,尽管这种贴近永远只是趋近而非等同。在学习观念上,社会建构主义同样视其为个体构建个人知识体系与理解框架的过程,但它尤为强调这一构建过程中的社会性维度。它主张,知识的形成不仅是个体与物理环境互动的内化产物,更是通过与社会整体或个体成员间的交流互动而深刻内化的结果。在这一过程中,语言及其他符号系统扮演了至关重要的角色,它们不仅是沟通的桥梁,更是知识传递、共享与再创造的媒介。

  在日常生活的交流、游戏及各类实践活动中,学生会累积起大量极具个人色彩的经验,这类经验我们可称之为"从下到上的知识"。它从具体经验出发,逐步提升至更高级别的抽象理解,最终形成以语言为载体的概念体系,这一过程充满了个性化的理解与表达的自由。与此相对,在人类社会的广泛实践中,还孕育了一种共享的文化知识,它以语言符号为初始形态,在个体的学习旅程中,先是从这些高度概括的概念向下延伸至具体的生活场景,这被称为"从上到下的知识"。儿童在与社会中的成年人或更成熟的同伴互动时,尤其是在教育环境中,他们通过寻求帮助来解决自己独立难以应对的问题,从而接触到并理解这些"从上到下的知识"。随后,儿童会运用自己已有的知识基础,为新知识赋予个人意义,进而将那些原本处于潜在发展状态的领域(即"最近发展区")转化为实际获得的能力。社会建构主义理论认为,这一从个体经验出发,结合社会文化环境,不断构建与丰富知识体系的过程,正是儿童知识经验发展的核心路径。

（三）社会文化取向

社会文化取向的观点与社会建构主义有着深厚的共鸣，同样根植于维果茨基的理论土壤，都将学习视为一个动态建构的过程，并强调学习过程中的社会性因素。然而，社会文化取向更进一步指出，心理活动是深深植根于特定的文化、历史及风俗习惯之中的，知识与学习无不镶嵌于广泛的社会文化背景里，而多样化的社会实践活动正是知识的源泉。因此，它侧重于探究不同文化脉络、时代变迁及具体情境下，个体学习模式与问题解决策略的差异。社会文化取向采用文化人类学的研究视角，聚焦于特定文化背景下个体为实现特定目标而展开的实践活动，这些活动往往以丰富的社会交往、既定的社会规范以及丰富的社会文化产品为基石。在此过程中，个体凭借既有的知识经验，通过一系列实践活动的历练，逐步解决遇到的问题，最终实现既定目标。学习应当效仿这种实践导向的模式，即在追求目标的过程中，通过解决实际问题来习得知识。学生在此学习过程中扮演着积极主动的角色，既是问题的提出者也是解决者，同时还能获得来自各方的支持。这种理念倡导采用类似于"师徒制"或"学徒式"的教学方法，如同工厂中师父传授技艺给徒弟一般。

（四）信息加工建构主义

信息加工理论虽未完全归入建构主义范畴，但它强调认知是一个主动的心理处理机制，学习并非简单的"刺激—反应"模式，而是涉及信息的筛选、处理与储存的复杂体系。这与行为主义有着本质区别。然而，信息加工理论预设了信息或知识已预先存在，个体须先获取这些基础，才能进行认知加工，进而开展更高级的认知活动。尽管它认可了旧有知识与经验对新知获取的辅助作用，却忽视了新经验对既有知识体系可能产生的反向塑造力。

在信息加工理论的坚实基础上,信息加工建构主义迈出了重要一步。它保留了信息加工理论的核心逻辑,同时吸纳了"知识系个体主动构建"的核心理念,强调了个体内既有知识与外界信息之间那种双向且循环往复的相互影响。新经验与知识的获取,离不开既有知识与经验的支撑,这一过程超越了单纯接受外界信息的范畴,促使原有经验在互动中得到修正与重塑。然而,这一理论并未全盘接受"知识仅是适应经验世界"的单一视角,因此,信息加工建构主义常被冠以"温和建构主义"之名。斯皮罗等人提出的认知灵活性理论,正是这一温和建构主义思想的生动体现。

第二节 MOOC环境下大学英语教学模式的创新

MOOC,即大规模开放在线课程,是信息化浪潮下对传统课程开发模式的一次创新性飞跃。它充分利用了信息时代的技术与资源,精准对接当代社会对人才能力的新需求。在这个信息爆炸的时代,社会对于大学生英语能力的期待已远远超越了传统的听说读写基础技能范畴,转而强调在实际职场与社交场合中,学生能够自如运用英语进行高效沟通与交流的能力。为了适应这一时代需求,大学英语MOOC教学模式精心设计了课前预习、课堂互动讨论及课后巩固消化的全方位学习路径,旨在通过丰富多样的教学设计,激励学生积极参与课堂活动,从而显著提升课堂教学的实效性与学生的英语应用能力。

一、MOOC的起源与发展

MOOC,这一新兴教育模式,源自对传统课程开发模式的深刻反思与创造性拓展。其核心在于,由资深主讲教师统揽课程规划,同时巧妙地构建了一个平台,让广大学习者能够突破地域限制,通过多样化的网络渠道参与其中。这一过程融合了视频授课、作业实践、讨论交流及即时互动等多元化元素,共同编织成一张紧密的教学与学习网络。MOOC,全称 Massive Open Online Courses,直译即"大规模开放在线课程",而"慕课"这一音译名,则更加亲切地贴近了国人的语言习惯。此模式的诞生,可追溯至加拿大爱德华王子岛大学的 Dave Cormier 与国家人文教育技术应用研究所的杰出研究员 Bryan Alexander 的远见卓识。2012 年被称为"MOOC 元年",这一年里,美国的加州大学、斯坦福大学、密歇根大学、普林斯顿大学等顶尖学府纷纷响应,大规模、高频率地推出了各自的网络开放课程,引发了全球性的教育革新浪潮。中国的 MOOC 发展几乎与世界并驾齐驱,上海交通大学与复旦大学率先垂范,于早期便推出了高质量的 MOOC 课程。随后,清华大学与北京大学也不甘落后,于 2013 年纷纷加入这一行列,共同推动了"中国 MOOC 元年"的确立。在短时间内,众多国内顶尖高校与互联网行业内的 MOOC 平台企业携手合作,这一现象充分彰显了 MOOC 这一革命性教育模式对中国高等教育领域产生的深远影响与强烈冲击。

二、创新大学英语教学模式的必要性和可行性分析

随着教育普及程度的提升和个体认知边界的拓宽,几乎每位学子都深刻认识到掌握至少一门外语,尤其是英语这一全球通用语言的价值。然而,不少学生因英语学习起步较晚,基础较为薄弱,故而难以激发对英语学习的兴趣。即便现代技术如图书馆资源、多媒体工具及互联网等英语学习资源触手可及,许多学生仍缺乏积极性,不愿主动利用这些资源,最终使自己的英语水平落后于人,形成了

明显的分层现象。此外,多数学校的英语教学仍沿袭传统的讲授式教学法,这种模式难以灵活适应学生个体的学习特性和现有能力,难以制订出个性化、针对性的教学计划。这进一步导致部分学生难以跟上课程节奏,无法有效实现学习目标,学习成效大打折扣。鉴于此,推动大学英语教学模式的创新与改革,已成为顺应时代潮流、提升教学质量的必然选择。

在 MOOC 的广阔舞台上,教师匠心独运,将课程内容精炼成一系列时长适中、内容聚焦的微课视频,这些视频如同一块块知识拼图,既独立成章又相互关联,辅以文字、图片、音频、视频、动画及超链接等多元化展现手段,巧妙吸引并维持着学生的注意力,确保教学信息的有效传递。同时,MOOC 所倡导的线下自主学习模式,以其突破时空限制的灵活性,赋予了学生前所未有的学习自主权。对于英语基础薄弱的学生而言,这更是一大利好,他们能够根据自身的实际情况,量身定制学习计划,并利用碎片时间,针对薄弱环节进行反复强化练习,实现个性化成长。无线网络技术的普及,如同为学习插上了翅膀,不仅促进了个人自主探索的深入,也便利了小组协作学习的开展。当下,智能手机已成为大学生的标配,无论系统差异,各类英语学习 App 如雨后春笋般涌现,免费提供丰富资源,极大地拓宽了英语学习的边界,让学生得以轻松融入全球化的语言学习生态中。教师亦紧跟时代步伐,积极利用网络资源,自主创建或参与搭建线上线下融合的 MOOC 学习平台,这些平台成为引导学生自主学习的新阵地,通过精心设计的课程内容与互动环节,激发学生的内在学习动机,提升学习效果。综上所述,无论是基于当前科技水平的飞跃,还是考量到具体学习环境的深刻变化,大学英语教学模式的改革与创新都显得尤为迫切且切实可行。

三、大学英语 MOOC 教学模式设计

各校及教师须依据自身独特条件,灵活设计贴合实际的大学英语 MOOC 教学流程。尽管如此,我们仍可提供一个标准化的模板,作为行业内的参考与学习标杆。通过广泛收集并分析教学实践活动的详尽记录,并经过深思熟虑与多次迭代优化,我们提炼出了一套普遍适用的操作框架:在每周四课时的总体教学规划下,教师通常安排一次面对面的授课,时长为一学时,紧接着围绕该周课程单元的核心内容,组织一次一学时的课堂讨论,剩余时间则鼓励学生自主观看配套的教学视频资料。整个教学流程大致涵盖三个关键环节:课前,学生须进行个性化的自主学习以初步获取知识;课中,教师通过面授方式帮助学生深化理解并内化所学;课后,学生再次进入自主学习状态,以巩固所学并探索知识的更广阔边界。

(一)课前个别化自主学习

互联网丰富了学生的学习资源,而智能手机、iPad 等便携式学习设备则成为了学生实现个性化自主学习的得力助手,让随时随地、灵活多样的移动学习变得轻松可行。

1. 课前自主学习资源设计

在课前预习环节,学生主要通过观看教师预先录制的微课视频来汲取新知。在筹备教学材料之际,教师首先需要明确单元教学目标,充分了解学生当前的学习状况,随后将复杂知识拆解为易于掌握的小单元,精心打造出与教学目标紧密契合的 MOOC 课程。每个 MOOC 课程的微课视频应控制时长,理想状态是介于 5 至 15 分钟之间,确保内容紧凑高效。此外,视频内容的难度设置须恰到好处,既不宜过难以免挫伤学生自学热情,也不应过于简单使学生感到乏味,从而保持他们持续探索与学习的兴趣与动力。

2. 课前自主学习过程设计

学生首要任务是深入自省，依据自身学习状况，主动挑选适宜的学习内容，随后观看对应的MOOC视频进行深入学习。为了提升学习的趣味性和有效性，教师在每个教学步骤结束时，可巧妙地设置小测验，作为通往下一学习阶段的"关卡"，让学习过程充满类似闯关游戏的乐趣与挑战。这样的设计显著增强了学生的学习专注力。若学生在某个关卡未能通过小测验，则须回头重新学习该部分内容，并通过反复练习直至成功过关。如此循环往复，不仅能加深学生对知识的理解，还能确保他们对知识的掌握更为扎实可靠。

3. 课前自主学习活动设计

利用网络教学平台内置的社交媒体功能，以及手机微信、QQ等外部通信工具，学生可以轻松与校内师生交流学习心得，同时也能跨越界限，与校外学生互动，促进对知识的全面理解。

（二）课中师生讨论交流

MOOC彻底颠覆了传统教学中以知识灌输为主的模式，使学生从被动接受转为主动学习，成为学习过程的主体，拥有更多的主动权和发言权。其核心聚焦于学生的自主学习，而课堂教学则广泛采用任务型教学法，促进学习效果的提升。

1. 设置课堂讨论任务

教师应根据本节课的目标、重点难点及学生自学反馈，有针对性地补充背景文化知识，加深学生对跨文化元素的理解。同时，围绕课文主题设计导入问题和相应教学情境，并设定限时限量的探究性任务，以引导学生深入探究学习内容。

2. 开展探究式讨论

根据学生实际情况分组后，鼓励他们在自主学习的基础上进行组内探究，随着学习进程推进，展开小组讨论，集思广益解决难题，并携手完成既定任务。这种基于辩论、商讨等互动方式的协作学习，不仅突出了学生在学习中的主导地位，还显著促进了其语言交流技巧与团队协作能力的提升。分组探究的教学策略，不仅有效锻炼了学生的创造力和批判性思维，还深化了他们的逻辑思维能力，让学生更全面地掌握了科学研究的基本框架和方法论。

3. 展示学习成果与评价反馈

学生经过课前的自主学习与课内的分组深入探究后，对课程内容有了较为全面的掌握。接下来，各学习小组应依次派遣代表上台，展示他们合作学习的成果，并进行详尽的汇报与总结。之后，教师应鼓励学生进行自我评价，既要自我肯定解决方案中的亮点，也要勇于指出存在的短板。随后，教师将进行整体评价，并在需要时给予个别小组或学生具体反馈。评价环节实质上也是互动交流的延续，有助于学生在这一过程中进一步巩固所学，实现知识的有效内化。

（三）课后自主学习消化

1. 创造良好的课后自主学习氛围

在当今这个信息爆炸的知识经济时代，教师已非信息的唯一供给者，学生轻松即可通过广播、电视、互联网等多渠道获取广泛而深入的信息。教师应把握时代机遇，营造宽松学习环境，尊重个性差异，呵护并激发学生的求知欲，积极培育其创造力。

2. 设计课后自主学习内容

学生在完成课前自主学习与课堂探究学习后，已基本掌握课程核心知识点，实现既定学习目标。课后作业的设计旨在巩固所学，促进知识向能力的有效转化。科学组织课后作业，对于增强学生的独立性、促进智力与创造力发展至关重要。然而，设计高质量的课后作业须讲求策略，以确保其效用最大化。应着重遵循以下原则：明确的目的性、精准的针对性、尊重个体差异、强调知识复现的重现性、鼓励思维发散的开放性,以及不可或缺的批改与反馈环节。通过细致的批改与及时反馈,能够帮助学生识别疑问、纠正错误,逐步增强自我监控能力,进而培养学生的主体意识和自主学习能力。

3. 设计课后自主学习形式

课后的自主学习应侧重于语言输出练习。教师可精选优秀作业,制作成PPT或短视频,上传至教学平台供学生自由访问。学生可根据个人需求,针对未掌握的或易错的知识点,通过观看他人的展示获取灵感,深化理解,提升掌握程度。

在教育改革的浪潮推动下,英语教学界迎来了诸多新颖方法与理论的涌现,其中MOOC以其独特魅力成为引领潮流的佼佼者,为高校英语教学注入了新鲜血液。面对这一时代契机,大学英语教师应积极拥抱新技术,匠心打造高质量的MOOC课程资源,以此激发学生的自主学习热情,乃至激发其终身学习的潜能。然而,我们也须保持理性,认识到在线自主学习虽有优点,却不可忽视传统课堂教学的价值,更不能全面取代学校教育体系的综合作用。在MOOC的广阔天地里,教师应自我革新,积极参与教育创新的实践,勇于探索未知,充分发挥教学引领者的作用。依据教学实际,灵活调整教学模式,促进学生从英语语言知识向实际运用技能的转化,高效实现教学目标,为社会输送既具备扎实理论基础又拥有实战能力的应用型人才。

第三节 大学英语教学模式对跨文化交际能力培养的探索

英语与汉语植根于截然不同的两大文明体系之中,这种差异不仅体现在宏大的文化传统、风俗习惯层面,更细微地渗透于个体生活方式、思维模式、价值取向乃至语言习惯等每一个角落。语言作为文化的载体,其正确运用深刻依赖于相应的文化背景。鉴于此,英语教学在传授基础语言知识与技能的同时，必须重视培养学生的跨文化意识及交际技巧，以确保学生能够在真实语境中灵活运用语言。这意味着英语教学应融入丰富的文化内容，巧妙地将语言技能与语用规范相融合，从而全面提升学生的跨文化语用能力。

一、跨文化交际能力

（一）跨文化交际的定义

随着全球经济与文化交流的持续深化，"跨文化交际"这一概念应运而生。它主要描述的是来自不同文化背景的人们在交流信息、情感及思想时的互动过程。从本质上讲，跨文化交际与同一文化体系内的日常交流并无二致，两者间的差异更多的是体现在程度而非本质上。这一判断基于两者共享的基本交际要素及其组合方式的根本一致性。据美国学者的研究成果，一般交际与跨文化交际的区分主要在于各要素对交际活动影响程度的不同，以及在交际流程中各自重要性的差异。例如在同一文化背景下，不同群体间的交流可能较少受民族主义影响，但在跨文化背景下，民族主义则可能成为影响交际进程的关键因素。

（二）跨文化交际能力的组成

跨文化交际能力可细化为四大基础能力：基本交际能力、建立情感和关系的能力、情节协调能力及交际方略策划能力。

1. 基本交际能力

基本交际能力是指个体在有效沟通中须具备的基础能力，涵盖语言能力、适应社会和文化的能力、相互交往的能力等。

（1）语言能力

语言能力指的是运用语音、词汇和语法知识进行有效表达的能力,而非言语行为能力,则是通过肢体语言及其他非语言规范来传达个人立场和观点的技巧。

(2) 文化能力

文化的能力涵盖的要点有:①评估个人是否掌握与交际内容及其流程相关的知识;②考查其从交际互动中提取有效信息的能力;③涉及处理人际关系与社会关系的技巧,包括适应不同社交场合的灵活性;④评估在交际过程中自我调整的有效性,以及对于文化差异的敏感度和理解能力;⑤是否具备对更广泛交际文化背景,如文化取向、世界观、价值观及生活方式等知识的认识。

(3) 相互交往能力

相互交往能力这涵盖了运用语言、表情及行为举止进行有效沟通的能力,以及对交往规则精准理解的能力。

2. 建立情感和关系的能力

(1) 建立情感的能力

这里主要探讨的是移情能力,简而言之,就是能够换位思考,站在对方的立场去理解问题。在跨文化交际中,这种能力尤为重要,它要求我们从对方的文化背景出发去审视问题。换言之,交际者须尝试体会对方的感受,而非仅凭个人经验或自身所处的文化框架去评判对方的行为。移情能力可细分为言语语用移情和社会语用移情两方面。前者是指交际者灵活运用语用规则和文化习俗,通过语言表达来明确传达自己的意图,从而使对方能够准确理解话语背后的真正含义。而后者则更为深入,它要求交际者完全沉浸在对方的文化视角中,依据对方的文化标准来解读和评价其行为。

(2) 建立关系的能力

具体表现可以阐述为:①双方基于自愿原则,根据各自需求构建或深化彼此间关系的能力,这种关系的深浅可灵活调整。②超越外在需求的层次，更深层次的交往通常植根于内在的相互吸引力。这种吸引力源自双方在价值观等方面的共鸣，类似于古语中的"知音"之情，是情感上的深度契合。③还包括能够设身处地，从对方的角度出发，以同情和理解的心态去感知和解读对方的想法与行为的能力。

3. 情节协调能力

除了语言，人们还利用多种交际信号沟通，这些信号因文化差异而异，部分源自习惯，部分可合理解释。掌握这些信号的含义，有助于我们更准确地理解对方的真实意图。

4. 交际方略策划能力

这一能力对于交际至关重要，它是交际能力的一个重要构成部分。它具体指的是，在交际过程中，当双方因语言能力或语用能力不足而遇到难题或障碍时，能够灵活采取补救措施以确保交际顺畅进行的能力。若交际者语言水平有限，但仍希望成功交流，可以依赖以下策略来实现。

（1）语码转换策略

语码转换在词汇或篇章层面均可应用，其中词汇层面的转换常被称为转接。这种转换可以基于交际双方共同掌握的语言进行。例如一个中国人和一个日本人，尽管各自母语不通，但若都熟悉英语，便可通过英语这一共同语言来顺畅交流。

（2）近似语选择策略

这指的是通过采用近义词、同义词等策略来克服语言障碍带来的困扰，具体策略包括：一是泛化表达，即采用较为宽泛、概括性的词汇来替代不明确或未知的具体项，尽管这种替代可能不够精确，但可借助上下文推断其意；二是释义法，即使用较为冗长或不够精练的描述来替代简洁却可能产生误解的表达；三是新词构造，但这里的"新词"并非完全陌生的词汇，而是在已有词汇基础上进行创新性组合，类似于网络流行语的诞生，旨在促进沟通而非增加理解难度；四是重构语句，即调整句子、段落乃至篇章的结构，使之更符合对方的认知习惯，从而易于理解。

（3）合作策略

当交际出现重大失误时，双方须携手合作，探索多种途径以增强彼此的理解。

（4）非言语策略

这涵盖了诸如肢体语言、绘画等直观易懂的交流手段，这些方式能够跨越语言障碍，使各方都能有效沟通。

然而，值得注意的是，这些方法虽有其独特价值，但往往是在其他沟通方式受限时的备选方案，且它们本身也存在一定的局限性，因此不应过度依赖它们。

二、英语教学中文化导入的重要性

谈及英语教学，多数英语教师首先想到的是传授语音、词汇、语法等基础知识，并着重培养学生的听、说、读、写、译五项基本技能。然而，长期以来，这种教学模式往往忽略了语言背后的文化内涵，仅停留在语言信息的孤立传授上。诚然，扎实掌握这些语言知识和技能是语言运用的基石，但仅凭这些还远不能实现英语学习的终极目标。语言的使用，除了准确无误，还须符合社会文化规范，即得体性。语言作为文化的重要媒介，其学习过程不可避免地触及该语言所承载的文化背景。因此，要想真正精通一门语言，就必须将文化学习纳入其中，并注重其在实际交流中的应用。随着教育改革的深化和国际交流的增多，我国英语教育界已深刻认识到文化学习对于英语教学的重要性，并开始引导学生在学习语言的同时，关注并融入文化元素。如今，英语学界已普遍认同，在英语教学过程中应有机融入相关文化内容，而非简单地将两者叠加。

随着我国对外开放步伐的不断加快，跨文化交流活动日益频繁，这一过程中，文化差异引发的误解也随之增多。中国学生在习得英语的过程中，往往不经意间将中国文化观念融入跨文化交际的语境中。举例来说，在英美文化中，个人隐私被视为神圣不可侵犯的领域，任何涉及私人生活的问题都被视为不礼貌的探询。诸如"你多大了"这类在中文语境中看似平常无奇的询问，在英美文化中则显得尤为突兀，它们被归类为典型的"中国式问题"，因为它们直接触及了对方的私人空间，可能引发对方被侵犯隐私的强烈感受，即便在中国人看来并无不妥。这一现象深刻揭示了，在跨文化沟通中，文化层面的失误往往比语言层面的错误更能破坏交流的和谐氛围，更易导致对方产生负面情绪，甚至阻碍交流的顺利进行。因此，在人际交往的广阔舞台上，文化的规范与制约作用不容小觑，应得到充分的关注与尊重。正如美国著名语言学家 N. 沃尔夫森所言："在与异国人交流时，人们往往对语音和语法的细微错误持宽容态度，而违反文化规范则常被视为缺乏礼貌，因为本国人难以完全理解社会语言学的相对性原理。"鉴于英语教学旨在培养具备跨文化沟通能力的高素质人才，我们必须将文化教学置于与语言教学同等重要的地位。

三、英语教学中跨文化交际能力的培养原则

（一）英语教学中文化导入的基本原则

1. 实用性原则

实用性原则强调，引入的文化内容必须紧密贴合学生当前的语言学习范畴，避免脱节。这一原则促使我们将文化教学与语言的实际交际应用紧密结合，通过构建具体且贴近生活的场景，让学生亲

身体验语言与文化之间的微妙联系,从而激发他们探索语言和文化的浓厚兴趣。正如权威专家 Swain 所倡导的那样,在英语教学的规划阶段,首要任务是明确学生的已知与未知,以此为依据精准定位教学内容与核心要点。因此,深刻理解并区分不同语言学习阶段所对应的文化认知层次,能够显著提升英语教学的针对性和实效性,确保教学成果更加丰硕。

2. 适合性原则

适合性原则的核心在于,所有与文化学习相关的内容和活动都应紧密依托教材,确保教学内容的恰当性和教学方法的合理性。具体而言,教学内容的适度性强调选择那些具有代表性的文化内容,即能够体现主流文化和当代风貌的元素,避免引入过时或小众的文化信息,以确保教学内容的时效性和广泛性。而教学方法的适度性,则倡导在教师指导与学生自主学习之间找到最佳平衡点。教师应广泛搜集并精选文化知识素材,以启发式教学为主,点到为止,旨在激发学生对文化探索的兴趣,进而鼓励他们通过课外阅读、实践活动等多样化途径,自主深入地学习和理解文化。

3. 持久性原则

在当今全球化的国际环境中,与多元文化背景的人交流已成为日常生活不可或缺的一部分。面对时代的挑战,我们都被要求成为具备跨文化交际能力的新时代个体。鉴于此,将文化教学融入英语教学之中,应被视为一项常规且必要的任务。

简而言之,我们要将语言学习与对社会文化的理解深度融合。这包括将听、说、读、写、译等语言技能的训练与跨文化交流能力的培养并行推进,确保在提升语言技能的同时,也深入学习和应用知识文化与交际文化。最终,这些努力都应服务于长远目标——系统而持久地增强学生的跨文化交际能力。

（二）英语教学中跨文化交际能力的培养原则和方法

一般而言，我们学习英语的核心目标在于掌握实际的语言交流能力，这种能力的提升离不开对语言知识及广泛非语言知识的深入学习和积累。鉴于此，日常的英语教学不仅要聚焦于语言知识的传授，还须同步向学生介绍与语言紧密相关的其他领域知识，如语境理解、语用技巧以及文化背景等，尤其要重视培养学生的跨文化意识。

1. 英语教学的普通原则与特殊原则的关系

除了英语教学普遍遵循的基本原则外，跨文化教学还须恪守一系列独特原则，具体如下：

（1）语法原则

文化差异在语言层面首先显现，语言特别是其语法结构，映射出不同文化中思维的独特模式。因此，在跨文化学习过程中，对比不同语言的语法差异，是深入理解文化差异的重要途径。

（2）交际原则

无论是语言还是文化知识的学习，都应置于真实的交际环境中，这样学习才能更加生动有效。

（3）文化原则

直接比较不同文化间的细微差别，有助于我们在跨文化交流时自觉运用这些知识，使我们的交际行为更加得体。

2. 跨文化交际能力的培养原则在教学中的具体体现

（1）正确处理语言能力和交际能力的关系

缺乏对不同文化背景的基本认知，我们在实际交流中将面临重重障碍与误解。故而，在精进语言技能的同时，深入了解与之相关的文化背景知识，对于促进个人学习成长、提升职场表现及丰富日常生活均大有裨益。在英语教学实践中，教师应双管齐下：一方面，确保学生扎实掌握语言基础知识，形成准确的语言表达；另一方面，则须注重培养学生的跨文化交际能力，引导他们学会在合适场合得体地运用英语进行有效沟通。

（2）关注比较中西文化之间异同，培养学生对跨文化交际的敏感意识

语言能力的获取，核心在于扎实掌握语言知识，而语用能力的锤炼，则离不开对跨文化交际中敏感性的深度培养。这种敏感性体现在由浅入深、循序渐进的四个维度上：首先，是表面层次的文化差异识别，这类差异显著且直观，往往能迅速激发人们的好奇心与新鲜感，是文化认知的起点。进而，进入更为细腻且富含特定意蕴的文化特征探索，这些特征与自身文化背景大相径庭，初次遭遇时，常令人难以置信，甚至产生抵触情绪，是文化认知深化的关键一跃。随后，进入理性反思阶段，与前一阶段相似却有所不同，此时通过深入分析，那些初感不可思议的文化现象逐渐显露出其合理性与可接纳性，标志着文化包容性的提升。最终，达到最高层次——设身处地，从对方文化的视角出发，深刻体会并理解那些与自己截然不同的文化特质，实现真正意义上的文化共鸣与融合。这一过程是一个螺旋上升、不断深化的学习之旅。因此，教师在教学过程中，应依据课程目标的设定及学生的个体差异，有选择地聚焦于中西文化的异同之处，通过细致入微的比较与分析，并辅以有效的教学策略，将这些宝贵的文化认知经验传递给每一位学生，促进他们跨文化交际能力的全面提升。

（3）模拟真情实景，加强文化背景知识的教学

在英语学习之旅中，大多数学生难以亲身体验英语国家的语言环境与文化氛围。然而，教师能够巧妙运用多种技术手段与教学策略，模拟出接近真实的语言环境，为学生营造出一个沉浸式的学习

空间。具体而言，教师可以灵活采用现代教学工具，如多媒体展示、电影放映、视频录像等，精心融入丰富的文化元素，生动再现英语国家的日常交际场景与过程。这样的教学方式，能够让学生仿佛置身于异国他乡，深刻感受并学习语言的魅力与文化的精髓。

（4）在教学中直接引入文化知识，让学生更加直观地感受不同文化之间的差异

教师应当积极整合各种教学资源，创设出高度还原、能够直观展现文化差异的语言环境，以此让学生在近乎真实的情境中体验异国文化韵味，深刻领悟其中的差异所在。同时，引入英语国家真实的物品、配以详尽的图片和影像资料，能够让学生从多个维度直观接触并深入理解相关文化知识，包括艺术、建筑、风土人情等多个方面。此外，通过定期举办英语角交流、英语知识专题讲座等多元化活动，进一步拓宽学习范围，构建系统性的跨文化学习体系。实践经验证明，这些措施对于增强学生的跨文化交际意识具有显著的促进作用。

3. 处理交际能力培养中各种关系的方法

（1）语言交际能力培养中的"教"与"学"

在提升语言交际能力的教学过程中，学生应始终处于核心地位。关键在于理解，"教"的效能与意义皆源自"学"，"教"的根本目的在于促进"学"，因此必须紧密围绕学生的学习需求展开。为此，我们应秉持"学生中心，教师引导"的教学理念，既防止过度侧重教师而忽略学生的主观能动性，也避免片面强调学生而削弱教师的指导作用，防止走向任一极端。形象地讲，若将课堂比作舞台，那么教师如同幕后策划的导演，而学生则是聚光灯下展现风采的主角。

（2）语言能力向语言交际能力的转化

要实现这种转变，首要之务是将语言视为沟通的有效"媒介"，

力求教学全程充满交际性。基础稳固是学习之根本，对语言学习而言亦是如此。因此，初期阶段，如句型操练等传统机械练习方法仍占据重要位置，它们为语言学习打下坚实基础。但同时，我们也应明确，语言知识的传授最终应服务于提升语言交际能力的目标。

（3）语言交际能力培养中的交际功能、语言结构、交际文化相结合

在探讨交际功能、语言结构及交际文化三者间的内在联系时，我们不难发现，语言结构构成了坚实的基础，交际功能则是我们追求的终极目标，而交际文化的教学则是这一过程中不可或缺的核心环节。启动任何非母语语言学习之旅，首要步骤往往是奠定语言结构的基础，这是构筑语言能力大厦的基石。然而，至关重要的是，我们须铭记于心：学习语言结构的初衷在于实现有效的语言交际，而非仅仅停留于结构本身的学习。因此，语言结构的教学应融入交际的精髓，教师在传授时，应避免过度沉溺于结构的剖析，而应聚焦于这些结构如何助力流畅、准确的交际表达。进一步地，依据专家们的深入研究，人类的言语活动遵循着从意念萌发到言语形式外化的自然顺序。这一规律在母语习得过程中尤为显著：我们往往先有想法，急于表达，随后在成长中逐步修正语言中的瑕疵。这一认知习惯与规律，同样为外语学习提供了宝贵的启示：在学习外语时，遵循从意念出发，逐步构建并优化言语形式的路径，不仅能够顺应人类的学习天性，还能显著提升学习效率与效果。此外，交际功能的教学须兼顾语言结构的系统性与交际功能的完整性。同时，交际文化的教学也应紧密服务于语言交际。无论是语言结构知识的传授，还是语言运用能力的提升，都须与文化教学紧密相连，不可分割。综上所述，交际功能、语言结构及交际文化三者紧密相连，共同贯穿培养语言交际能力的全过程。

（4）语言交际能力培养中的语言知识和技能

教学的关键和难点在于平衡语言知识的学习与技能训练的关系。语言理论和规则是技能训练的基石，但其核心在于语言技能的培养。因此，在学习过程中，我们既要强化听、说、读、写等基础技能的训练，也要重视提升语言交际技能，确保两者并行不悖，共同促进语言能力的提升。

（5）听、说、读、写的关系和口语与书面语的关系

语言交际中，听、说、读、写四大基本技能缺一不可，须协调并进，全面培养。学习路径上，各阶段各有侧重：初级重听说，尤重听力理解，遵循语言习得之道，读写亦须兼顾；中级则均衡提升四技能；至高级，读写为主，但听说亦须持续训练。语体教学方面，初级偏口语，中级加入书面语，中后期强化语体转换，高级阶段则深化书面语教学。

（6）课堂的"内"与"外"的关系

提升语言交际能力，课堂之外亦是关键。受限于现实条件，虽难亲赴国外体验地道的语言环境，但我们能利用技术与方法，构建贴近真实的模拟环境。课外活动应在此类环境中进行，让学生在实践中自然而然地掌握语言运用。同时，这些课外及社会语言实践活动不应孤立于课堂教学之外，而应与之紧密相连，形成互补，共同推动学生英语能力的全面发展。

参考文献

[1] 陈皎. 融合移动学习的大学英语教学新模式 [J]. 中外企业家, 2019(32):165.

[2] 崔素花, 汤晓媚, 张冉. 大学英语教学新模式下任务教学法的应用 [J]. 西部学刊, 2021(12):91-93.

[3] 杜辉. 解析微课教学新模式在专业英语教学中的应用 [J]. 淮南职业技术学院学报, 2017(02):75-76.

[4] 范云. 大学英语教学模式创新与研究 [M]. 长春: 吉林人民出版社, 2022.

[5] 方懿文. "互联网+教育"背景下大学英语教学新模式探究 [J]. 才智, 2017(19):114.

[6] 高英, 李静. 任务驱动下的大学英语阅读教学新模式研究 [J]. 教育教学论坛, 2017(15):163-164.

[7] 高云薇. 翻转课堂模式在大学英语读写课中的应用 [J]. 当代教育实践与教学研究, 2017(05):4.

[8] 谷香凝. 融合移动学习的大学英语教学新模式 [J]. 海外英语, 2020(10):127-128.

[9] 郭娟. 从课程设置等技术手段入手, 整合大学英语教学新模式 [J]. 海外英语, 2017(21):28-29.

[10] 韩飞. 基于网络环境下大学英语线下与线上教学新模式研究 [J]. 环渤海经济瞭望, 2020(07):170-171.

[11] 黄贝贝. 当代大学英语教学研究 [M]. 北京: 中国书籍出版社, 2023.

[12] 黄文贞. 大学英语翻转课堂教学模式的利与弊探析 [J]. 现代交际, 2018(12):164.

[13] 贾爱霞. 基于微信的大学英语口语教学新模式 [J]. 黑河学院学报, 2017(08):137-138.

[14] 姜辛卓. "互联网+"时代背景下大学英语教学改革与发展初探 [J]. 知识经济, 2019(06):172.

[15] 姜洋. 大学英语多维互动教学模式行动研究 [J]. 科技资讯, 2020(19):109-110.

[16] 蒋春丽. "互联网+"视域下大学英语教学新模式的研究 [M]. 北京: 中国书籍出版社, 2020.

[17] 靳亦诗.融合移动学习的大学英语教学新模式及其实践运用策略[J].英语广场,2020(05):60-61.

[18] 李慧.ESP视域下应用型本科院校大学英语教学新模式探索[J].智库时代,2019(44):216-217.

[19] 李琳.与移动学习相融合的大学英语口语教学新模式[J].英语广场,2024(03):90-93.

[20] 李曦,秦绪华.认知语言学视域下大学英语微课教学新模式[J].佳木斯职业学院学报,2019(10):176-177.

[21] 刘莉,张婧.MOOC背景下体育英语教学新模式探究[J].海外英语,2017(11):21-22.

[22] 刘相国.基于网络的多媒体大学英语教学新模式研究[J].中国多媒体与网络教学学报(上旬刊),2020(05):39-40.

[23] 卢疑霞.翻转课堂在大学英语听力教学中的应用研究[J].湖北开放职业学院学报,2018(22):175-177.

[24] 马玲玲.核心素养培养引领高职英语智慧教学新模式[J].软件导刊(教育技术),2018(11):87-88.

[25] 马旭光."互联网+"背景下大学英语教学新模式探究[J].国际公关,2020(01):105.

[26] 乔惠娟.基于翻转课堂的大学英语阅读教学模式研究[J].运城学院学报,2023(05):96-100.

[27] 曲秀艳,闫洪勇."互联网+"背景下大学英语教学新模式探究[J].黑龙江教育(理论与实践),2018(09):77-78.

[28] 宋格.基于建构主义网络教学新模式下的大学英语跨文化教学[J].现代职业教育,2018(27):85.

[29] 孙晓磊.共创性学习理论视角下数字移民大学英语教学探究[J].海外英语,2021(13):102-104.

[30] 唐兰,张秋玲.基于"产出导向法"的大学英语对分课堂教学模式探索[J].邢台职业技术学院学报,2020(04):1-5.

[31] 唐小琴.对构建大学英语教学新模式的思考[J].现代职业教育,2018(13):266.

[32] 王君子.基于网络环境下大学英语人机结合新模式的教学研究[J].信息记录材料,2018(10):124-125.

[33] 王璐,陈丽丽.线上大学英语教学新模式探索[J].海外英语,2022(12):159-161.

[34] 王璐.基于融合移动学习的大学英语教学新模式探究[J].英语广场,2021(28):83-86.

[35] 王美清, 赵芳, 陈园园. 大学英语教学理论与实践研究 [M]. 北京：中国商务出版社, 2023.

[36] 王暖, 于晓. 大学英语教学与评价研究 [M]. 北京：九州出版社, 2024.

[37] 谢芬. 融合移动学习的大学英语教学新模式探索 [J]. 海外英语, 2021(15):148-149.

[38] 谢梦. 利用手机 APP 构建大学英语教学新模式研究 [J]. 黑龙江教师发展学院学报, 2020(05):148-150.

[39] 余丽. 面向产出导向的大学英语教育新模式的构建 [J]. 计算机与数字工程, 2019(08):1921-1925.

[40] 余书英. 基于输出驱动假设的大学英语教学新模式 [J]. 教育现代化, 2018(41):155-156.

[41] 俞寒怡. "互联网+"背景下大学英语教学新模式研究 [J]. 现代英语, 2020(08):34-36.

[42] 袁婧. 大学英语基于融合移动学习的教学新模式 [J]. 海外英语, 2017(05):73-74.

[43] 张朝霞, 周晓琴, 杨丽娟. 大学英语教学方法理论与实践新探 [M]. 北京：中国书籍出版社, 2021.

[44] 张鸽. 大学英语教学模式创新与发展研究 [M]. 北京：经济日报出版社, 2022.

[45] 张冠萍. 多媒体环境下大学英语口语教学新模式研究 [J]. 海外英语, 2023(11):129-131.

[46] 张丽涛. 微探融合移动学习的大学英语教学新模式 [J]. 中国多媒体与网络教学学报（中旬刊）, 2021(02):37-40.

[47] 张美玲. 大学英语混合式教学模式探析 [J]. 高教学刊, 2020(31):110-112.

[48] 赵云. 基于融合移动学习的大学英语教学新模式探索 [J]. 当代教育实践与教学研究, 2019(22):41-42.

[49] 郑萌. 基于生态翻译理论的大学英语翻译教学新模式探究 [J]. 英语广场, 2020(36):32-34.

[50] 周会碧. 新的教学模式下大学英语课堂动机策略有效性研究 [J]. 海外英语, 2017(05):77-78.